CW00497476

CÓMO MEMORIZAR RÁPIDO Y APRENDER EXITOSAMENTE

Técnicas Infalibles para Acelerar al Aprendizaje y
Obtener una Concentración a Prueba de Fuego

ALEX FISCHER

Índice

Introducción

Es bastante común que las escuelas y universidades, e incluso en algunos trabajos, te asignen la tarea de leer un libro o un documento con muchas páginas. Tienes que ser capaz de comprender y aprender lo que leíste y, al mismo tiempo, poder llevar tu vida normal.

Por lo tanto, tienes que mejorar tu capacidad como lector y encontrar la importancia general de todo el contenido y dejar de obsesionarte con una sola sección. Esto es lo que hace que la lectura rápida sea una estrategia poderosa para los lectores.

En la actualidad, pocas personas pueden usar esta habilidad.

Se considera que los expertos lectores son los que pueden hacerlo, dejando que el lector normal intente leer un par de páginas de un trabajo a la vez. Para compensar este problema, los científicos han hablado desde hace ya un tiempo sobre la lectura rápida, o de la capacidad del lector para captar expresiones y oraciones al mismo tiempo, y que esa es la manera de obtener mucha información en poco tiempo. También se ha propuesto que este sistema puede mejorar la apreciación de la lectura cuando se realiza de la forma correcta.

Hoy en día, puedes encontrar algunos cursos y aplicaciones en línea que entrenan a las personas para leer rápido. Estos cursos tienen la intención de ayudar al lector a mejorar su capacidad de adquirir información sin tener que invertir demasiada energía en el proceso.

Este procedimiento es útil para personas que tienen que leer mucho material. Por ejemplo, los estudiantes o los universitarios. La tarea es abrumadora y los maestros no pueden pedir menos porque a ellos les exigen un programa en el que hay que leer varios libros, uno detrás de otro.

Por lo tanto, depende del estudiante crear una técnica o un sistema que le permita revisar todo ese material más rápido a la vez que comprende toda la información contenida. La lectura veloz es la clave para lograr este tipo de resultados.

En última instancia, en este libro hablaremos de las enormes ventajas de aprender rápido, así como también hablaremos de diferentes métodos que se pueden usar para mejorar el entendimiento de los conocimientos y llevarlo a la práctica. Uno de los mayores peligros para mantener una distancia estratégica es la pereza. Esto es verdad para aprender las cosas rápido para usar en nuestro día a día. Los analistas garantizan que la apatía es la madre que pone todo al mismo nivel. Una gran motivación es tener algo que hacer de forma constante, además del descanso y de la recuperación física y mental.

No podemos controlar el futuro o cambiar el pasado, pero sí podemos tener el control de nuestro presente para que podamos lograr todo lo que nos propongamos. Vamos a empezar.

Mentalidad y motivación

MENTALIDAD fija vs. mentalidad de desarrollo

Existen dos tipos de mentalidades: una perspectiva fija y una actitud de desarrollo.

En la mentalidad fija, el individuo acepta sus características como cualidades establecidas y como algo que no puede cambiar. Estos individuos tienen su intuición y sus habilidades como algo opuesto al intento de crearlas y mejorarlas. También aceptan que la habilidad, por sí sola, puede llevar al éxito, y que no es necesario un esfuerzo.

Por otra parte, aquellos con una perspectiva de desarrollo tienen una convicción básica de que su aprendizaje y sus conocimientos pueden desarrollarse con tiempo y experiencia. Cuando llegan al punto en el que reconocen que no pueden volverse más inteligentes, estos individuos comprenden que sus esfuerzos afectan su prosperidad, así que se esfuerzan más con la intención de tener un mejor resultado.

Los individuos con una perspectiva de desarrollo tienen la convicción oculta de que su aprendizaje y sus conocimientos pueden desarrollarse con tiempo y experiencia.

Cuando una persona tiene una mentalidad fija, ella acepta que la que sus capacidades esenciales, intuición, y dones son características fijas. Se imaginan que uno llega al mundo con una suma específica de cualidades y que eso es todo lo que se tiene.

Individuos con una mentalidad fija: es la necesidad constante de parecer astuto en cuanto a que aceptan que llegan al mundo con una cantidad fija de conocimientos y que no puede ser cambiada.

Estos individuos tienen miedo de parecer tontos a los demás, ya que no aceptan que hay una manera de mejorarse a sí mismos una vez que los otros los han percibidos como no inteligentes.

Sin embargo, en una mentalidad desarrollada, las personas aceptan que sus capacidades y su perspectiva puede ser creada con esfuerzo, aprendizaje e ingenio.

· · ·

Sus capacidades fundamentales simplemente están en la etapa inicial de su posible capacidad. No aceptan que todos son iguales; sin embargo, se aferran a la posibilidad de que todos pueden volverse más inteligentes si llegan a esforzarse. Los investigadores creen que, en el caso de que necesites sobresalir en alguna parte de tu vida, necesitas adquirir una mentalidad de desarrollo.

En este capítulo hablaremos de las distinciones entre la mentalidad fija y la de desarrollo, hablaremos de las 17 reglas que te ayudarán a crear esas inclinaciones que te ayudarán a crear la mentalidad de desarrollo.

¿Por qué es importante un panorama a la hora de crear inclinaciones positivas?

En el caso de que tengas una cualidad que aceptas que no puede ser cambiada, por ejemplo, tu perspectiva, tu peso o tu patrón de comportamientos negativos, vas a mantener una distancia estratégica de las circunstancias que puedan ser incómodas o que te hagan sentir que eres inútil.

Pero, luego, en el caso de que entiendas la posibilidad de que tus inclinaciones no son fijas, en ese punto o esa convicción será el paso inicial básico para crear un cambio verdadero en tu vida. No importa si se trata de desarrollar una nueva habilidad, aprender un nuevo idioma o deshacerse de una inclinación negativa, tener la actitud de desarrollo te ayudará a crear esa convicción de que eres 100% capaz de lograr cualquier objetivo significativo.

Para lograrlo, debemos abarcar más de 17 técnicas que puedas usar para hacer tu perspectiva de desarrollo.

Estrategias para desarrollar una mentalidad de crecimiento

1. Reconocer y comprender tus defectos.

Posiblemente te des cuenta de que eres pospone se las cosas hasta el último momento posible. Intenta a diseñar una planificación al establecerte objetivos pequeños y darte fechas límites decentes para lograrlos.

Es posible que el acercamiento más directo para vencer tus defectos sea ser directo contigo mismo sobre tus limitaciones y solucionarlas de frente. Utiliza el modelo de la "apatía" en el caso de que te des cuenta de que, por lo general, te retrasas. En ese punto uno se propone a construir la actitud de desarrollo al hacer tus debilidades explícitas, lo que te ayudará a lidiar con tu naturaleza a prácticas.

2. Ver las dificultades como circunstancias.

Estamos confrontados continuamente con opciones significativas, por ejemplo, si no sabes si quieres otro puesto o si prefieres tomar otra clase.

. . .

Lidiar con estas dificultades es una parte muy importante de quedarse a uno mismo como individuo. Entre más retos nos presentemos, más puertas abiertas necesitamos encontrar.

Dejar otro examen puede ser algo terrorífico por el peligro de la decepción. Esto puede tratarse de evitar diferentes dificultades y proceder de la misma manera que siempre, ofreciéndonos excusas que nos permiten quedarnos en los mismos rangos de familiaridad.

Sin embargo, te quedas en los mismos rangos de familiaridad porque tienes miedo de que salir se pueda volver algo incómodo. En el caso de que evite las dificultades, no tendrás las oportunidades de aprender y desarrollar. Más bien, estarás molesto con una sensación de que las cosas no son perfectas.

3. Reconocer tu estilo de aprendizaje y utilizar los métodos de aprendizaje correctos.

Si quieres ser así de bueno, puedes reconocer cuáles son las mejores formas en las que aprendes, puedes mejorar tu tiempo mientras encuentras una clase o asistir a una. Los diferentes estilos de aprendizaje pueden ayudar a un individuo que tiene una actitud de desarrollo, y los estilos de aprendizaje permiten a las personas mezclar y consolidar sus propios fragmentos de conocimiento en un rango amplio de opciones. Los estilos de aprendizaje se identifican con distintas perspectivas de aprendizaje que las personas consideran que son las mejores para ellas. Así que, una vez que éstas han sido distinguidas, las personas pueden sentir que su intuición está creciendo y que están demostrando señales de mejora en lo que ellos han considerado.

4. Comprender que la mente puede cambiar a lo largo de tu vida.

Tu cerebro establece nuevas asociaciones a lo largo de tu vida que le permiten hacer alteraciones cuando te confronta con nuevas circunstancias o con otra condición.

La neuroplasticidad hace más clara la manera en la que tu mente puede volverse a entrenar y diseñar, demostrando así que hay suficiente espacio para desarrollarse.

Si quieres ser bueno, sabes que tu cerebro está cambiando continuamente, en ese punto estás obligado a adoptar la perspectiva de desarrollo. Recuerda que el cerebro no está fijado e, igualmente, la psique tampoco debe estar fijada. Conforme aprendas cosas nuevas, tu psique se ajustará a la nueva información.

5. Priorizar el aprendizaje por sobre la aprobación.

Cuando estés constantemente preocupado sobre lograr la aprobación de los demás más de lo que te preocupa aprender cosas nuevas, está sacrificando tu propia capacidad de desarrollo. Intenta no presionar te por lo que las otras personas piensen de ti, y mejor que concéntrate en mejorar tu mismo según tus objetivos.

Nuestra propuesta es concentrarnos en transformarte en un individuo auto educado. Haz que uno de tus objetivos sea entrenarte a ti mismo cada día por 10 minutos, en los que intentes realizar algo con éxito.

6. Concentrarse en el procedimiento y no en el producto final.

Los individuos que tienen una mentalidad de desarrollo suelen poner todos su esfuerzo e intuición en el aprendizaje. Comprenden que cualquier desarrollo será un procedimiento y realizan sus propios objetivos para ayudarse a llegar al final del procedimiento. Ellos han comprendido cómo realizar el trabajo y proceder hacía el siguiente paso del procedimiento. Es muy importante apreciar el procedimiento de aprendizaje para poder sacarle ventaja y ser capaz de terminar el procedimiento en menos tiempo.

Una característica muy importante respecto a la forma de aprendizaje son los ejercicios repentinos que puedes llegar a tener en el camino.

7. Desarrollar un sentido de dirección.

Las personas con una mentalidad de desarrollo pueden echar un vistazo a los objetivos a largo plazo y tener un sentido de dirección más grande en sus vidas. Recuerda el último objetivo y mira constantemente hacia el futuro.

Debes preguntarte todo el tiempo cuáles son las razones de la existencia del trabajo que estás realizando. ¿Puedes decir que lo estás realizando porque lo que seas o porque es parte de un objetivo más grande? Debes trabajar continuamente con una razón para tener inspiración y seguir trabajando.

8. Lograr un aprendizaje efectivo por sobre la comprensión rápida.

Esto regresa a concentrarse en el camino del aprendizaje en vez del producto final. El aprendizaje no es algo que puedas acelerar. Necesitas experimentar unos cuantos errores para descubrir el verdadero éxito, y nada de eso sucede fácil o rápidamente.

9. Premiar los esfuerzos y las actividades, no las características.

Reconoce cuando otras personas están logrando algo imaginativo o particularmente ingenioso, en vez de simplemente revelárselos al final, ellos están ansiosos. Esto hace que las personas se esfuercen para seguir haciendo cosas buenas en vez de hacer que se sientan que acaban de lograr el objetivo final de ser brillantes.

10. Descubrir cómo dar y recibir análisis valioso.

La considera el análisis como una forma de acercarse al aprendizaje. Si quieres ser bueno seguramente tienes un pequeño defecto y alguien más puede señalártelo.

Considera que es una gran ventaja que alguien te haga consciente de tus errores para que puedas concentrarte en mejorar.

. . .

Es importante no tomar la crítica que otras personas literalmente. Con frecuencia, las personas intentan ayudar, y de esta manera sí te están ayudando y no intentan perjudicarte.

En el caso que necesites mejorar tu mentalidad de desarrollo, encuentra una manera para escuchar con cuidado a otras personas y obtener un análisis útil.

11. La necesidad de desarrollo no significa decepción.

Que tengas que mejorar en un aspecto no significa que hayas fracasado. Significa que estás destinado al éxito; simplemente no estás ahí todavía.

Para obtener motivación, hay muchas personas exitosas que primero han fracasado cada día de su vida.

12. Piensa en tu aprendizaje cada día.

Haz que uno de tus objetivos sean aprender todo lo que puedas durante un día, sin importar si eso significa grabar todos preocupaciones principales al final del día o realizar más investigación en un tema que te ha llamado la atención casi todo el día. No dejes que tus ejercicios del día simplemente pasen desapercibidos. La intenta anotarlo en un diario o registrarlo en una agenda diaria.

Aunque sea, debes sentarte al final del día con lo que has aprendido y dejar que los ejercicios sean parte de ti.

13. Aprende de los errores de los demás.

Es mejor que no te compares con los demás, pero es importante que veas que otras personas tienen defectos y errores. Cuando veas que alguien comete un error y tuvo percibes como un debe hacerse de forma correcta, recuérdalo para cuando te encuentres en esa situación.

Incluso puedes imaginarte en su perspectiva por un segundo e imaginar que eras tú el que cometía el error para aprender de eso directamente.

14. Considera aprender a preparar el cerebro.

Entre más aprendas, más estarás preparando tu mente para actuar de una manera específica y hacer asociaciones diferentes.

Necesitas preparar tu mente lo mejor que puedas, lo que va de la mano con seguir aprendiendo durante toda tu vida.

Tu cerebro debe estar preparado y entrenado conforme el mundo va cambiando, por lo que es indispensable ser capaz de controlar tu mente y mantenerse atentos a los patrones del momento.

15. Desarrollar tosquedad.

Necesitas tener entusiasmo por lo que estás haciendo y así tener la voluntad de lograrlo. Tener un entusiasmo profundo por tu trabajo es una de las cosas más importantes para mantenerte entusiasmado cada día y hacer que sigas necesitando ser bueno en tu campo de trabajo. Así que para lograr tus objetivos planteados, necesitas ser algo rudo y tosco para mantenerte emocionado y con la mira en el blanco.

16. Aprende constantemente. Establece otro objetivo por cada uno de los que logres.

Nunca completarás por completo el proceso de aprendizaje. Porque hayas completado una clase no significa que debas rendirte con el tema. El desarrollo requiere individuos que puedan seguir realizando nuevos objetivos para que se mantengan estimulados y con ansias de seguir con el tema que han decidido. El aprendizaje nunca está completado y siempre suele haber otro objetivo para alcanzar o más investigación que debe terminarse. Aprende constantemente. Establece otro objetivo por cada objetivo que hayas logrado: ese es el misterio de una mentalidad de desarrollo.

17. Recuerda que aprender requiere que pongas de tu parte.

La nada que valga la pena llegar rápido y sin problemas. Necesitas ser pragmático acerca del tiempo que te tomará ser competente con la información que quieres llegar a dominar. Tal vez te tome unas cuantas estrategias diferentes para aprender o requiera son unas cuantas veces de otra estrategia hasta que realmente puedas comprenderla y hacerla efectiva.

. . .

También, considerando que las cosas están en cambio constante, esto significa que el proceso de aprendizaje puede ser que nunca esté terminado.

La fuerza correcta de una mentalidad

Los niños con una mentalidad fija se concentran en los resultados que pueden garantizarles éxito y darles la apariencia de ser listos. Los niños con una mentalidad de crecimiento o quieren desarrollar sus habilidades.

Para ellos, la definición de éxito significa ser más listo.

Al final, los niños con mentalidad de crecimiento hacen lo que quieren porque no les preocupan necesariamente las posibilidades o el fracaso.

Los estudiantes con mentalidad fija sólo se interesan en la retroalimentación que reflejan sus habilidades presentes. No hacen caso a la información que pueda ayudarles a aprender o a mejorar su desempeño.

Es sorprendente que no hayan demostrado interés en escuchar la respuesta correcta a una pregunta que hayan tenido mal, ya que ellos han etiquetado la respuesta como un fracaso y ya no les sirve.

. . .

Sin embargo, las personas con la mentalidad de crecimiento ponen mucha atención a la información que puede ayudarles a obtener más conocimiento y a desarrollar nuevas habilidades. Para ellas, no tiene nada de malo haber tenido mal una pregunta y la explicación de la respuesta correcta es bienvenida como una ayuda en su desarrollo. La los niños con una mentalidad de crecimiento o tiene como prioridad el aprendizaje, no la trampa binaria del ego de éxito o fracaso.

Lo que se manifiesta en la infancia puede permanecer con nosotros por el resto de la vida si no se trata.

Por suerte, no importa que tan profundas sea la mentalidad fija en una persona, no tiene que ser una condición permanente como ellas creen. La mentalidad de que es maleable y puede ser enseñada. Resulta que los perros viejos sí pueden aprender trucos nuevos.

Condiciones productivas de aprendizaje

Parece una cuestión sencilla, pero décadas de literatura científica tienden a estar en desacuerdo con este concepto. Tal vez sólo consideramos el aprendizaje como una actividad que se comienza de bebés sin preparación. En los años escolares, somos receptáculos de un constante flujo de información y experiencias. En los entornos más tradicionales, los instructores miden lo bien que hemos aprendido al examinar qué tan bien repetimos la información. No tenemos opción al respecto y simplemente seguimos la corriente con lo que se nos presenta.

· · ·

Esta acumulación de información y repetición casi sugiere que el aprendizaje es un proceso automatizado que sólo podemos monitorear, no controlar. A decir verdad, hay factores, limitaciones y condiciones que afectan nuestra habilidad de aprendizaje. Comprender estos elementos puede ayudarte a evitar errores y acelerar tu aprendizaje. Este libro usa principios y métodos científicos para ayudarte a aprender de la manera que sea mejor para ti.

Todas las actividades mentales, incluyendo el aprendizaje, están influenciadas por condiciones y factores internos y externos. Algunos factores son controlables, otros no tenemos que superar o aprovechar. Este primer capítulo habla del principio científico que impulsa nuestras habilidades de aprendizaje y algunas de las mejores prácticas que podemos usar para aumentar la capacidad de aprendizaje. En pocas palabras, necesitamos crear condiciones apropiadas para el aprendizaje o, de lo contrario, nos estaríamos perjudicando.

Atención humana

La reflexión es la conducta y el procedimiento intelectual de concentrarse específicamente en un estímulo mientras se ignoran otras posibles distracciones. Es un vasto territorio de examinación dentro del entrenamiento, de la ciencia cerebral y de las neurociencias. La reflexión puede ser enseñada como la asignación de recursos preparativos restringidos: tu cerebro o comprometerse con un número establecido de estímulos.

La reflexión se vuelve un factor integral en varios temas mentales, incluyendo la memoria, la visión y la carga psicológica.

Atención visual

Como regla, la reflexión visual se dice que funciona como un proceso de dos fases. En el escenario principal, la reflexión se lleva en consecuencia sobre la escena visual externa y el manejo de información. En la etapa siguiente, se la reflexión se concentra en una región particular de la escena visual; se centra en una mejora específica.

Existen dos modelos importantes para comprender cómo funciona la visión reflexiva, ambas son ilustraciones libres de los verdaderos procedimientos neuronales que suceden en el momento.

Modelo de enfoque

La expresión "enfoque" considera tener un centro, una orilla y una periferia.

El centro es el territorio focal que libera la información de las metas principales de la escena visual en la que se coordinan la reflexión. Abarcar el centro es el límite de la reflexión, el cual lidera información de una manera bastante tosca. Esta periferia se extiende hasta la región predeterminada, y termina en lo que se conoce como la orilla.

Modelo del lente de largo alcance

Fue presentado por primera vez en 1986. Este modelo adquiere las propiedades del modelo de enfoque, aunque tiene la propiedad adicional de que cambia de tamaño. Este componente fue inspirado por el punto focal de largo alcance que se encuentra en las cámaras, y cualquier ajuste de tamaño puede intercambio en la productividad de la preparación. El punto focal de largo alcance de la reflexión puede representarse como la observación de un intercambio entre el tamaño del centro y la capacidad de preparación. Ya que los recursos intencionales se cree que son fijos, entre más grande sea el centro, más lento será el manejo de la escena visual, ya que este recurso fijo será apropiado para un territorio más grande.

Carga psicológica

Piensa en una computadora con una memoria restringida, puedes darle un número limitado de tareas antes de que ya no pueda procesar más. Los cerebros tienen una regla similar llamada la hipótesis de la carga psicológica. La carga subjetiva se refiere a agregar una suma de esfuerzo mental que puede ser utilizada en la memoria que está funcionando.

La reflexión necesita memoria funcional, por lo que le está dando importancia a algo que incrementa la carga intelectual.

Realizar varias actividades y la atención dividida

Realizar varias tareas puede ser representado como la intención de realizar al menos dos tareas al mismo tiempo; en cualquier caso, los estudios demuestran que mientras se realizan múltiples tareas, los individuos cometen más errores o les toma más tiempo realizarlas.

Cada tarea incrementa la carga psicológica; la reflexión debe estar aislada de todas las tareas del segmento para realizarla.

Una investigación más avanzada incluye un vistazo a las restricciones de los individuos realizando tareas actuales como comprender historias mientras se inspiran en componer algo diferente, o poner atención a dos mensajes separados en cada oído.

Más allá de todo esto, se examina el desempeño de una persona realizando varias tareas dependiendo de la ejecución al completar dos tareas al mismo tiempo, en el que suele incluirse conducir mientras se realiza otra tarea, por ejemplo, mandar mensajes, comer, dar explicaciones a los pasajeros o hablar por teléfono. Esta exploración descubre que el marco de atención de los seres humanos tiene limitantes de aquello que puede procesar: la conducción es más defectuosa mientras se realizan diferentes actividades; los conductores cometer más errores, frenan después de cuando te diría, se equivocan, toman vueltas equivocadas y tienen menos consideración por los factores ambientales porque estarse preocupando con otras tareas.

Atención específica

Los estudios demuestran que, si hay una gran cantidad de mejoras presentes, es mucho más sencillo despreciar las mejoras que no están relacionadas a la tarea. Sin embargo, si quieres ser mejor en tu área, casi no hay estímulos que el cerebro vea como mejoras superfluas.

Unas cuantas personas pueden procesar una gran cantidad de mejoras mientras entrenan. Por ejemplo, los administradores del código morse han tenido la opción de duplicar un mensaje mientras tienen una conversación importante diferente. Esto depende de la reacción reflexiva que surge del sobre-aprender la habilidad de la interpretación del código morse, así que es una capacidad autónoma que no requiere una consciencia particular para realizarlo.

Entender antes de memorizar

. . .

El uso de las palabras "superficie" y "profundidad" pueden sugerir que la última es preferible en todas las circunstancias por sobre la primera, pero esto no es válido en todos los casos. Algunas cosas se aprenden mejor por retención en vez de un escaneo buscando algo significativo para contextualizar de esas cosas. La explicación esencial es que en una gran cantidad de pequeños subtítulos toman una cualidad irregular desde el inicio; sin embargo, cuando se ven a través de la perspectiva de la idea general, encajan unos con otros y estructuran una situación única. Eso hace que sean más sencillos de percibir y recordar por el cerebro.

A decir verdad, puede sobrevivir bastante sin retención, considerando el hecho de que las ideas sirven para clarificar las realidades. En vez de comprometerte a recordar metódicamente, terminas la idea hasta su decisión descubrirá las realidades conforme lleguen.

Como los subtemas en un diagrama, las realidades se vuelven claras con los títulos apropiados. Si quieres ser bueno en lo que haces, comprendes los estándares generales de algo y entonces siguen naturalmente las realidades.

Esto se conoce como aprendizaje de idea. Nos dice la mejor manera de organizar y separar las cosas basándose en ciertas cualidades básicas. Involucra la revisión del diseño y la reconciliación de nuevos modelos y pensamientos. Además, en vez de ser un procedimiento mecánico de retención granulada, el aprendizaje de la idea es algo que debe ser desarrollado.

· · ·

Utilizar el concepto de aprendizaje en tu vida diaria

Aplicar la estrategia ideal para aprender y desarrollar nuevas aptitudes puede ayudar a determinar nuevos significados e incluso mejorar cómo llevamos a cabo tareas específicas.

Es una instrucción consistente que sencillamente implica que no hay límites, sostiene que el aprendizaje debe seguir a lo largo de la vida y debe ser de importancia directa para las necesidades de la experiencia educacional de los estudiantes, ya sea algo social o monetario. La figura subyacente enfatiza el aprendizaje para todos y la pertinencia.

A lo largo de la vida, los cambios suceden, grandes y pequeños. Los cambios pequeños incitan a los cambios constantes en la conducta. Alientan al ajuste. Nosotros encontramos una manera de ajustarnos a estos pequeños cambios sin darnos cuenta. Creamos horarios de trabajo y los aplicamos como una manera de lidiar con el estrés del cambio próximo. Por lo general, las prácticas que funcionan en una situación funcionan de forma similar en situaciones diferentes, tal vez con pequeños ajustes.

Sin embargo, cuando nos vemos en circunstancias nuevas, situaciones incómodas, aprendemos nuevas prácticas y habilidades que nos llevan a cambios que nos transforman.

· · ·

Si desprecias el cambio, es probable que te quedes atorado en un nivel mientras los demás siguen avanzando o, peor, te enfrentas a la desdicha y a una existencia de incertidumbre y miseria.

Otro excelente método de aprendizaje de ideas es la estrategia Feynman, de la que hablaremos después. La reunión consecuente puede no resolver el problema.

No obstante, se ha relacionado comparte de problema.

Siguiendo adelante, con aquellos estudiantes que experimentan otro problema en otro examen, ellos están listos para utilizar la información que produjeron antes de manera más exitosa que aquellos beneficiados por la maestría de un educador.

La importancia de la motivación

Por ejemplo, examinemos la importancia de la motivación en una oficina. La inspiración es significativa para una asociación por las ventajas que proporcionan los resultados:

1. Aplica vigorosamente los recursos humanos.
   Cada preocupación requiere recursos físicos, presupuestarios y humanos para cumplir los objetivos. Se pueden usar los recursos humanos al darles inspiración.

. . .

Esto debe ser posible al crear habilidad durante el trabajo de los representantes. Esto ayudará al esfuerzo general al asegurarse de usar los recursos de forma ideal.

2. Mejora el grado de producción de los representantes.
El grado de un trabajador no sólo reside en sus capacidades.

Al obtener lo mejor de su ejecución laboral, toda la capacidad y habilidad debe ser satisfecha, lo que ayuda a mejorar el grado de ejecución de los trabajadores.

Esto tiene como resultados el aumento de la eficiencia.

La reducción del costo de las actividades y la mejora general de las capacidades.

1. Lleva al cumplimiento de objetivos autoritarios.

Los objetivos de un proyecto pueden lograrse cuando suceden los siguientes elementos:

1. Hay un uso ideal de los recursos.
2. Hay un lugar de trabajo compartido.
3. Los trabajadores están coordinados con el objetivo y actúan con un propósito.
4. Las metas se pueden lograr si hay una actividad

y compromiso cooperativo que puede ser exitoso gracias a la inspiración.

5. Crea un fomento a las relaciones.

La inspiración es un factor importante que le da satisfacción a los trabajadores. Esto debe ser posible al mantener un plan de trabajo motivador que les iba a los trabajadores. Pueden ser cosas como lo siguiente:

1. Motivaciones monetarias y no monetarias.
2. El ascenso abre la puerta a los representantes.
3. Castigos para los desperdicios de representantes.

Para crear un buen ambiente dentro de un problema, los incentivos anteriores deben ser proporcionados por un administrador. Esto ayudaría a la participación cooperativa, la cual brinda estabilidad; a que disminuyan los problemas y competencia entre representantes y que los representantes sean versátiles y no haya protección o evasión del cambio. Esto también ayuda a dar una pequeña preocupación que interese a los individuos y que armonice con los intereses jerárquicos. Todo esto creará una eficiencia expandida que será muy beneficiosa.

Promueve la solidez del poder de trabajo

Los representantes pueden permanecer fieles al trabajo sólo cuando tienen un sentimiento de interés en la administración. Las habilidades y la efectividad de los representantes será un espacio libre consistente para los trabajadores. Eso promueve una imagen abierta y decente en el mercado, lo cual hace que los individuos hábiles y calificados se preocupen más por la empresa.

Podemos decir que la inspiración es la inclinación interior que puede ser vista únicamente por un administrador, ya que está en contacto cercano con los trabajadores. Las necesidades y los deseos están correlacionados y son el ímpetu principal para la acción. Estas necesidades pueden ser comprendidas por el administrador y así puede diseñar unas líneas de inspiración según sean requeridas.

Podemos resumirlo al decir que la inspiración es significativa tanto para el individuo como para el negocio. Espiración es imperativa para una persona ya que:

1. La motivación ayuda a cumplir los objetivos propios.
2. Si un individuo está incentivado, logrará cumplir el trabajo.
3. La motivación ayuda al autodesarrollo de la persona.
4. Un individuo agarrará el ritmo consistentemente al trabajar con un grupo poderoso.

Igualmente, la inspiración es importante para un negocio ya que:

1. Entre más inspirados estén los representantes, más capaz será el grupo.
2. Entre más sea la cooperación y el compromiso

individual del trabajador, más productiva y efectiva es la empresa.

3. Durante las revisiones, habrá una mayor flexibilidad e imaginación.

4. La motivación llevará a una disposición idealista en el lugar de trabajo.

Preparación del cerebro

Toma el control y entrena tu cerebro

Por lo general, solemos pensar que es difícil concentrarse en el trabajo que necesita realizarse.

Para prepararse para una carrera larga, los corredores realizan calentamientos y estiramientos de forma consistente. Ellos entrenan para correr. En cualquier caso, ¿cómo entrenarías para la actividad de la contemplación o reflexión? Opuesto a lo que se suele creer, la reflexión es algo lógico y no se espera que esté relacionado con ninguna religión o creencia.

Los neuro investigadores de la Universidad de Harvard y el Hospital General de Massachusetts han realizado diferentes investigaciones que han descubierto que hay un gran incremento del grosor del córtex en los individuos que piensan. Al realizar estudios se han dado cuenta que las zonas relacionadas con la reflexión, intercepción y preparación táctil eran más gruesas en las personas reflexivas que coordinaban los controles, incluyendo el córtex prefrontal y la ínsula derecha delantera. Los estudios demostraron que los mediadores tenían medidas similares en el córtex prefrontal sin importar la edad, lo que significa que la práctica reflexiva puede hacer más lento el desgaste por edad en el córtex frontal. El córtex prefrontal aloja la memoria dinámica y de trabajo.

Las pruebas también demostraron un incremento del hipocampo izquierdo, el cual ayuda al aprendizaje, memoria y seguir lineamientos. También se vio una reducción en los problemas de amígdala, la cual incrementa con el estrés y reduce su tamaño con la reflexión. Se ha descubierto que la reflexión reduce la presión, la tensión, que ayuda a relajarte e incrementa la neuroplasticidad y la prosperidad mental.

Los primeros pasos de la meditación

Para las personas que han sido cautivadas por la reflexión, pero que aún no tienen la más remota idea de dónde o cómo empezar, aquí presentamos un procedimiento paso a paso. La contemplación es algo sencillo y directo que se vuelve más fácil con la práctica.

· · ·

Paso uno. Encontrar un lugar callado y cómodo

Una vez que hayas descubierto un lugar en el que puedes pensar sin interrupciones, aleja a todos los dispositivos electrónicos que puedan ser distractores y reduce la luz.

Te puedes sentar en el piso o en una silla, de preferencia con los pies en el suelo y tu espalda recta. Si quieres mejorar en la meditación, que debes volverte cada vez más feliz con el descanso, eres libre de hacerlo.

No hay nadie cerca que pueda verte.

Paso dos. Cierra los ojos

Tómate un segundo para cerrar los ojos y relajar tu cuerpo.

Permanece quieto y deja que tu cuerpo se libere y pierda la tensión.

Paso tres. Encuentra tu respiración

Ahora que comienzas a relajarte, sé consciente de tu respiración. Siente la sensación de relajamiento.

. . .

Concéntrate en tu respiración conforme en alas y ex a las profundamente. Si entre el aire entrando en tu nariz y saliendo por tu boca. Siente tu pecho creciendo y contrayéndose.

Sé consciente de las sensaciones físicas en todo tu cuerpo.

Paso cuatro. Haz todo lo que sea necesario para no dejar de pensar

En las fases iniciales de la contemplación, es típico que haya una gran cantidad de paja en tu mente. Puede ser que sientas muchos pensamientos apresurándose en tu mente.

No intentes dejar de pensar activamente, ya que podrías anular la calma de tu cerebro al darle otra tarea.

Deja que tus pensamientos se muevan en tu psique. Como un río, ellos seguirán pasando y no debes intentar detenerlos. Reconoce tus consideraciones, date cuenta de lo que son, pero todavía no te conectes con ellas. Deja que una idea siga a otra.

Regresa tu atención a tu respiración. En cualquier punto o terminarás flotando lejos, regresa y piensa en tu respiración.

Paso cinco. Calma tu cerebro y tu interés principal

. . .

Puedes seguir concentrándote en tu respiración o utilizar un mantra, por ejemplo "ohm" o una frase que te acomode.

Mantén tu mente en la respiración o en el mantra.

Paso seis. Practica

Puedes terminar tu contemplación en cualquier punto que creas adecuado, el tiempo sugerido son 15 minutos.

En cualquier caso, los resultados se pueden observar con menos tiempo.

No te desanimes en el caso de que creas que haya sido problemático al inicio o en algunos momentos.

Puede ser que tome más de siete días para que tu psique salga de sus costumbres que son tan viejas como tú.

Continúa practicando cada día y te garantizo que te sentirás los resultados.

Sentarse sin preocupaciones

.   .   .

El agotamiento es un peligro seguro, en particular en los tiempos actuales en los que hay que sobresalir, en los que parece que todos trabajan con el único objetivo de ganar dinero. Intentamos de forma deliberada recalcar nuestros días con ejercicios laborales y sociales como métodos para sacar la última gota posible de satisfacción de nuestras vidas. Curiosamente, esto rápidamente se vuelve contraproducente ya que muchas personas no tienen la energía para trabajar de esa manera. Respecto a lo que sucede en tu cerebro, cualquier señal de debilidad es una influencia en tu confianza. Trabajamos más con ocho horas de descanso que con tres horas de descanso.

Posiblemente esa es la explicación por la que se procura tanto la meditación y la reflexión hoy en día. Estas prácticas reducen tu estrés intencionalmente y te dejan en una condición para sentir las ondas alfa, las cuales provocan la sensación de felicidad y dicha. Una gran cantidad de las celebridades más famosas, por ejemplo, los directores ejecutivos, reconocen la reflexión o meditación como una pieza fundamental en sus agendas diarias. La capacidad de bloquear cosas les permite trabajar al máximo cuando se requiere, como una batería que le está dando energía cada día.

Para aquellos que quieren lograr grandes cosas en la vida, no sólo es una cuestión de tomarse un descanso para producir ondas alfa. Trata de no considerarlo como un descanso, más bien piensa que es una recuperación para que puedas prepararte cuando realmente tengas que pensar de forma imaginativa.

. . .

Los seres humanos sabemos descansar, estirar y calentar nuestros cuerpos de forma natural. Si queremos mejorar, tenemos una rivalidad atlética, sin embargo, no solemos considerar lo mismo para nuestros cerebros.

Cuando has llegado al punto donde puedes relajarte, no haces nada y dejas libre tu imaginación, entras en una condición en la que le permites a tu cerebro divagar. A cambio, terminas con más energías y vigor.

Encuentra tu ritmo

Tu ritmo circadiano es el ciclo natural que dirige cómo te ajustas a tu día de 24 horas. Controla cuándo te sientes cansado, cuándo necesitas levantarte y cuándo estás en tu momento más alto de vitalidad y preparación. Hay un sube y baja específico cada día ya que es difícil mantenerse preparado al máximo las 24 horas del día, así que tu cuerpo ha encontrado la manera de reservar los. No te sientes cansado después de almorzar porque estés pensando, sino que te sientes aletargado debido a tu ritmo circadiano.

Tu ritmo circadiano es el que proporciona los efectos de cansancio y él porque no te puedes acostar muy temprano y quedarte dormido en seguida. Si te mantienes despierto demasiado tiempo, necesitas compensar el tiempo perdido con descanso.

¿Cómo puede ayudar esto al pensamiento? Consideran lo siguiente: serás un estudiante más poderoso si logras realizar el trabajo más difícil cuando estás en tu mejor momento.

Los estudios han demostrado que las personas suelen mejorar su preparación mental y energética en las primeras horas de la tarde y después de las 6:00 p.m.

Cada día, variando entre cada pináculo y llegando por último a su punto más bajo a las 3:30 a.m., por lo general.

Aprovecha cuando tu mente suele sentirse al máximo.

A pesar de eso, en el caso de que te obligues a ser o que creas que tú eres un ave nocturna o una persona mañanera, puede ser válido y suele ser un rasgo hereditario entre algunas personas.

Independientemente de eso, la inclinación general del ritmo circadiano permanece sin cambios en los individuos, sin importar si eres una persona de mañana o de noche, a pesar de los altos y bajos de la habilidad mental. Este tipo de programación circadiana también aplica a tus puntos altos físicos, que suelen coincidir con tus picos mentales de 3:00 p.m. a 6:00 p.m.

Alimenta tu cuerpo de forma adecuada

. . .

Si ahora te pones a pensar con una respiración rítmica, eso afectará de inmediato a tu corazón. Tu ritmo de respiración va a disminuir y eso disminuirá el esfuerzo de tu sistema circulatorio. Tu mente se hará más silenciosa y tu cuerpo se relajará. Debe haber un balance en nuestras vidas para perseverar en todos los problemas y para tener la vitalidad de continuar con nuestro camino.

El punto focal de la vida es la cadencia, y el ritmo causa equilibrio

Ahora consideramos que necesitamos lograr que nuestras respiraciones tengan un ritmo similar mientras nos concentramos en el palpitar del corazón. Esto ajustará tu respiración y hará que tu latido normal de descanso tenga un ritmo musical. Desde el inicio simplemente intenta contar mentalmente hasta 6 u 8 mientras exhalas, repite de forma similar al inhalar. Esto hará que tu respiración tenga un ritmo musical, con las inhalaciones y las exhalaciones de una duración similar.

Para mejorar, necesitas seguir pensando en encontrar un lugar para sentarte y cerrar tus ojos. Si no es posible, continúa con los ojos abiertos y percibe las sensaciones de tu cuerpo al realizar esta práctica de respiración cadenciosa. Concéntrate en tu respiración. Este ritmo se volverá algo consistente en tu cerebro y se volverá más fácil concentrarte.

. . .

Al controlar tu ritmo de respiración estás controlando también tu pulso. Lograrás hacer un ritmo innovador en tu cuerpo que es útil para tu corazón. Comenzarás a entrar en una condición de paridad fisiológica conocida como conciencia o sincronización.

Tu ritmo de respiración se sincroniza con el ritmo cardiaco. Así que, mientras controlas tu respiración y haces que se ajuste, tu ritmo cardiaco comienza a tranquilizarse y a adquirir un ritmo cadencioso.

Al practicar la respiración musical cada día, tu vida se volverá más organizada y estandarizada. Sigue concentrándote en tu respiración conforme reflexionas y haces que tu respiración sea musical y fina como se espera de las circunstancias. Sigue concentrando tu mente en la zona del corazón. Respira suavemente sin realizar pausas entre inhalación y exhalación. Puedes realizar este entrenamiento todo el tiempo que quieras.

Intenta realizarlo por 5-10 minutos al inicio.

El último consejo para comer es comer para reducir el malestar en tu cerebro. Las molestias en el cerebro suceden cuando los neurotransmisores son sancionados.

El cansancio en el cerebro hace que las neuronas funcionen más lento o impidiendo la percepción mental, la revisión y los reflejos. Cuando las neuronas están cansadas pierdes la habilidad de funcionar por largos periodos de tiempo. Hay una gran cantidad de alimentos que provocan este cansancio, entre los cuales están los lácteos, el azúcar y el gluten. Por el contrario, hay sustancias que ayudan a la mente, por ejemplo, el jengibre, los vegetales verdes y la cúrcuma.

Deshacerse del estrés

El cuerpo libera una hormona llamada cortisol como reacción al estrés, a la ansiedad y al miedo. El cortisol incrementa el esfuerzo del aparato circulatorio y te mantiene leva de tenso, ya que el cuerpo considera que está en una situación de peligro y que puede recibir un daño. Por último, al mantener tus niveles de estrés y esfuerzo bajos no te va a volver un individuo eufórico cuando estés confundido, sino que te ayudarán a mantenerte pensando.

Se cree que el cortisol acaba con las conexiones neuronales y que provocan un bajo desarrollo en el cerebro.

También se producen menos conexiones neuronales, así que el estrés y realmente puede cansar a tu cerebro.

Tus conexiones neuronales presentes para el aprendizaje y la memoria se vuelven cada vez peores trabajando bajo presión y ansiedad.

· · ·

Por último, el sobrepeso reduce los niveles de dos conexiones neuronales esenciales: la serotonina y la dopamina. Quizás te suene familiar por lo que anuncian de los medicamentos recreativos ya que están relacionados con la satisfacción y la euforia. ¿Qué pasa cuando no se logran las conexiones neuronales? Tu cerebro comienza a imitarlas con ciertos problemas.

Controla tu peso y tu habilidad escolar. Debes llevar una buena alimentación, hacer ejercicio, descansar de forma adecuada, hidratarte y, si es necesario, bajar de peso. Por último, el estrés nos domina ya que hace que perdamos la perspectiva en nuestras vidas. Así que olvidemos a las cosas positivas que tenemos en nuestras vidas y nos hace concentrarnos en las cosas negativas, aunque sean pequeñas.

Es una ocasión digna de reconocimiento por no tener la oportunidad de ver más allá de lo que tenemos enfrente. Como regla, cuando esto suceda, debes detenerte por un segundo y examinar aquello que te estresa. Tal vez descubras que hay cosas que estás ignorando y que debes considerar todo para superarlo.

Descanso

Básicamente, podemos pensar que es como el deportista que se prepara para una carrera, el descanso es esencial para que el cerebro pueda trabajar. La falta de descanso afecta todo, desde la apreciación, hasta la memoria y la velocidad de pensamiento.

.   .   .

Otros científicos han comprobado que la falta de sueño tiene influencia en la capacidad de una persona para realizar múltiples tareas. Conducir un auto es una de las actividades que incluye más tareas, requiere de las manos, los pies, la visión y la atención. Si te encuentras cansado, eso influye definitivamente en tu capacidad para realizar varias tareas. Esta es la razón por la cual hay muchos accidentes vehiculares.

La falta de sueño disminuye tu capacidad. Además, la falta de sueño parece que también afecta negativamente las capacidades psicológicas como la consideración y la memoria de trabajo. Otro estudio similar descubrió que las personas que sólo duermen dos horas por noche tienen un peor desempeño en cuanto a memoria y la consideración relacionada con las talegas.

El descanso tiene un impacto bastante amplio en la memoria, lo cual fue descubierto en 1924. Diferentes experimentos han indicado que al obtener Ochoa obras completas de descanso antes de aprender otra tarea puede ayudar a continuar al día siguiente. Incluso hasta una hora de siesta ha demostrado mejorar el desempeño en las tareas relacionadas con la memoria.

- La contemplación te puede ayudar a aprovechar las oportunidades, te hace más feliz y más productivo.
- Incluso te puede ayudar a vivir por más tiempo.
- Tener éxito durante la reflexión no es sencillo, y es mucho más difícil con el mundo frágil que tenemos y con la realización de varias tareas.

- Sin embargo, la contemplación tampoco es sencilla.
- Investiga cinco de las mejores estrategias de reflexión para los estudiantes, además de las cinco pistas que ayudan a los aprendices a seguir con su contemplación.

Técnicas de meditación para principiantes

La reflexión incluye, en su mayoría, sentarse tranquilamente, concentrándose en su respiración con frecuencia, aunque no necesariamente tiene que ser así. La reflexión para el cuidado de la salud es una de las maneras más conocidas y sencillas de contemplación.

Este incluye cómo trabajar de forma efectiva para tranquilizar el pensamiento, casi todo el tiempo concentrándose en la respiración o en un mantra. En cualquier caso, hay estrategias de desarrollo como el yoga y las reflexiones al caminar.

Hay una gran cantidad de métodos para lidiar con una gran variedad de formas de contemplación, así que no te preocupes si llegas a ver palabras o términos que no conoces como Kundalini o meditación de pulsos binaurales.

Procedimiento 1: meditación de respiración

- La reflexión durante la respiración es la forma más directa y esencial de todos los tipos de contemplación.
- Siéntate en calma, cierra los ojos e inhala de forma normal, de preferencia por la nariz.
- Concéntrate en tu respiración, aunque no intentes cambiarla o controlarla.
- Cuando llegue una idea a tu cabeza, simplemente etiquétala como "una idea" y regresa tu atención a tu respiración.
- Esta reflexión realmente prepara a tu cerebro para dejar de distraerse y mantenerse concentrado en el presente.

Procedimiento 2: meditación con mantra

- La meditación con mantra incluye sentarse tranquilamente mientras en silencio se repite una palabra o una expresión llamada mantra.
- En el caso de que lo repitas en voz alta, se vuelve una meditación de recitación.
- Un mantra bastante común es "so" y "murmura".
- Contempla internamente "so" mientras inhalas, y piensa "murmura" mientras exhalas.
- Incluso puedes pensar "adentro, afuera" en silencio si eso prefieres.
- Desde el exterior, habrá pensamientos que lleguen continuamente a tu cabeza.
- Eso es completamente normal.
- Lo más importante es que no te desanimes, simplemente date cuenta de que tus

pensamientos están flotando y regresa tu atención al presente.

Procedimiento 3: reflexión al caminar

Las reflexiones de desarrollos son extraordinarias para las personas que tienen problemas para mantenerse quietas.

Tal vez tienes que considerar una meditación en movimiento en el caso de que tengas nervios, ya que ciertas personas descubren que la reflexión empeora su nerviosismo.

La más fácil de las contemplaciones en movimiento es una reflexión móvil que debe ser posible en cualquier lugar, en cualquier momento. Una reflexión móvil no es simplemente caminar.

Lo que más importa es tu consideración y tu objetivo. Caminar mientras escuchas un audiolibro o hablas por teléfono no cuenta.

Procedimiento 4: meditación Kirtan Kriya

Kirtan Kriya es un tipo de reflexión de la costumbre yogui Kundalini, aunque no dejes que el extraño nombre que abrume. Esta reflexión es básica y tiene bases científicas que la respaldan. Puedes intentarlo.

Durante esta reflexión, debes sentarte tranquilamente y repetir los sonidos "sa, ta, na, mama". Puedes decir los sonidos en voz alta o repetirlos en silencio. Las investigaciones han confirmado que realizar esta contemplación por 12 minutos al día estimula las partes del cerebro asociadas con la recuperación de los recuerdos.

Puede mejorar la memoria para cualquier persona y ha demostrado ser de ayuda para personas que sufren de Alzheimer. Otros beneficios son las mejoras en la mentalidad y el descanso.

Procedimiento 5: meditación de pulsos binaurales

En el caso de que hayas intentado la contemplación del cuidado de la salud y aun así te sentiste intranquilo, no te concentraste y estabas estresado, no eres la única persona.

Tranquilizar el generador irregular de ideas es algo difícil.

En el caso de que hayas leído la novela *Comer, rezar, amar*, o hayas visto la película, habrás notado que cuando la autora/personaje estaba viviendo en un ashram en la India, ella descubrió que todo lo que tenía que ver con la reflexión era, para ella, una batalla decepcionante. Constantemente se sentía restringida, que no lo estaba haciendo bien, y eso hacía que se sintiera preocupada y terrible consigo misma.

Ya que eso invalida el propósito de todo, puedes intentar las otras opciones para tener éxito en la reflexión.

3

Mejorar la memoria

MEJORAR la capacidad de pensamiento de tu cerebro

Tal vez la fuente más complicada y digna de atención que puede tener un individuo es el poder de preparación entre las orejas. Es de la más alta prioridad dedicar los recursos a esta supercomputadora que es el cerebro. Antes se decía que sólo se usaba el 10% del cerebro, pero la realidad es que se usan pequeñas partes del cerebro cada vez, pero llega a utilizarse todo el cerebro.

Por suerte, no necesitas ser millonario para mejorar tu memoria o tu límite de razonamiento.

Considera que tu mente es un músculo que debe ser fortalecido. Simplemente debes comprometerte unos cuantos minutos a realizar unas cuantas actividades.

. . .

Ahora hablaremos de unas cuantas maneras en las que puedes mejorar tu habilidad intelectual y tu límite de razonamiento:

1.Hacer ejercicio de forma normal.

De forma similar a cuando reservas energías para realizar actividades físicas, también debes dedicarle tiempo y esfuerzo para ejercitar la mente. Las prácticas cerebrales mejoran el bienestar mental al igual que la actividad física mejora el bienestar físico. Los especialistas en el sistema nervioso han demostrado que las actividades ordinarias del cerebro mejoran el trabajo de la mente y la neurogénesis. Las actividades físicas también han sido relacionadas con el desarrollo de nuevas sinapsis, por lo que deberías mantenerte dinámico.

2.Entrenar tu memoria.

Si no tienes cuidado con tu cerebro, se puede deteriorar. En el caso de que necesites que tu perro mejore atrapando la pelota, debes prepararlo para hacerlo. Lo mismo tienes que hacer en el caso de que quieras que tu cerebro mejore, debes preparar a tu cerebro para recordar las cosas. Enséñate a ti mismo a recordar los números telefónicos o algunos otros números básicos como el número de tarjeta, de identificación o algo por el estilo. Entre más cosas agregues a tu cerebro, más amplia será tu habilidad.

3. Cuestionar las realidades y pensar positivamente.

Intenta no confiar ciegamente en todo. Crea una costumbre de cuestionarte las cosas ordinarias. Debes plantearte escenarios diferentes para esos casos. Quizás puedas imaginarte qué hubiera pasado si no se hubiera inventado la rueda o si estuvieras en otro continente. Al hacerte preguntas, entrenas tu mente para ser imaginativa y crear pensamientos. Dicen que la curiosidad puede traer problemas, sin embargo, un interés similar puede llevarte al poder.

Los neurocientíficos han descubierto una relación entre la tensión y la preocupación con la muerte de las neuronas en el cerebro, además de una afectación en la creación de las nuevas neuronas. Los médicos han descubierto que la intuición positiva, en especial a una edad avanzada, ayuda a la creación de nuevas células y controla significativamente la presión y disminuye la ansiedad.

Rivera tu mente de cualquier cosa que no sea el momento presente. Mantenerse atentos y en la realidad actual es lo más beneficioso que puedes hacer para tu cerebro. No me refiero a la realidad virtual generada por una computadora o a la de las redes sociales, sino a la verdadera realidad.

Así pues, dejarás de preocuparte por los demás y eso te permitirá apreciar la conversación y conocer realmente a los demás. También te impulsa a descubrir la satisfacción y la armonía. Tomando toda la situación en consideración, el descanso no puede ser hallado en otro lugar que no sea el presente. Así que, sin intentar hacer que las cosas sean geniales, sin tratar de cambiar las circunstancias presentes o querer algo que sea mejor, puede ser apreciar lo que tienes simplemente aprendiendo a tolerarlo.

4. Ayudar a tu cerebro con un régimen alimenticio adecuado.

Todos los nutrientes que hicieras son un compromiso importante con el trabajo de tu cerebro. El cerebro humano consume más del 20% del oxígeno y de los nutrientes que consumimos. Alimenta tu mente con comida nutritiva, orgánica y mucho Omega 3.

Puedes investigar sobre la rutina de alimentación mediterránea y qué tan beneficiosa puede ser para tu cerebro.

5. Leer.

La lectura alivia la presión y las preocupaciones de la mente y, además, te proporciona otra perspectiva de las cosas. Los libros son un enfoque muy bueno para desarrollar tu cerebro y aumentar tu razonamiento. Sin embargo, las revistas y las redes sociales son una fuente de ridiculez y de todo lo que no puede entrar en un libro. Leer es el enfoque ideal para preparar tu mente y aumentar tu razonamiento.

Lee libros que sean divertidos y también aumenten tu perspectiva. Incluso puedes ser curioso y leer libros de ciencia.

6. Descansar lo suficiente.

El descanso es el botón de reinicio de la mente. Cuando está descansando, tu cuerpo recupera sus sinapsis y hace todo el mantenimiento del cuerpo y del cerebro. Una proporción de 4 a 6 horas de descanso cada noche es el tiempo ideal para mejorar el pensamiento y crear nuevos conocimientos y desarrollos.

Puede ser bastante útil reflexionar o realizar la meditación de cuidado antes de dormir. Cierra los ojos e ignora todo lo que te rodea. Debes estar seguro de lo que viene a continuación. En ese punto, estarás en armonía y no tendrás pesadillas. Cuando hayas descansado lo suficiente, puedes estar seguro de que mañana estarás listo para comenzar el día, aunque debes poner especial atención y estar presente en todo el día, manteniendo una mentalidad positiva y listo para concentrarte.

7. Eliminar los errores en el pensamiento.

Es importante que conozcas el lado mental del razonamiento. Todos tenemos problemas a la hora de pensar y razonar, por lo que somos especialmente precavidos. Existen cinco errores que los terapeutas suelen distinguir: el parcialismo, el pensamiento del enemigo, el error en la escala del tiempo, el juicio inicial y la presunción.

1. Parcialismo: los errores que ocurren cuando el individuo mira un problema desde o una sola perspectiva. Es decir que un individuo sólo considera un factor de todo el problema que suele resultar en un arreglo incompleto.
2. Pensamiento del enemigo: esto sucede cuando la persona piensa que está equivocada y que, por lo tanto, debe ser corregida. Las personas del gobierno son expertas en este tipo de razonamientos y lo usan a su favor.

3. Error en la escala del tiempo: es un tipo de intuición del parcialismo en el que el individuo considera el problema desde un período de tiempo delimitado. Se puede comparar con ser infantil.

4. Juicio inicial: el insípido resulta ser extremadamente abstracto. En vez de considerar el problema, el individuo crea una metodología parcial o con inclinación.

5. Presunción: se puede comparar con el efecto de la ciudad de Venus, ya que todas las personas creen que la joven más bella de su ciudad es la más hermosa de todo el planeta. La persona considera que no hay una solución mejor que aquella que acaba de encontrar. Es una forma de limitar la imaginación.

Cómo memorizar más

Mejorar tu memoria puede ser el mejor desarrollo que puedes realizar para mejorar tu pensamiento. Cuando se menciona la mejora de la memoria, puede haber algo de confusión ya que todos tenemos diferentes tipos de memoria. A lo que se refiere esta expresión es a mejorar la memoria que cada uno tiene, aunque no es lo que suele pasar.

Es importante comenzar cualquier discusión sobre la memoria hablando de sus partes, para que así puedas entender mejor cómo lograr tus objetivos relacionados con la memoria.

Hay tres tipos de memoria que tienen propósitos diferentes: la memoria de los sentidos, la memoria a corto plazo o de trabajo y la memoria a largo plazo.

El material que retiene la memoria contiene información intuitiva y subconsciente que obtienes con tus cinco sentidos. Te incentiva a comprender tu condición y le da forma a tu percepción. Simplemente recuerdas estas cosas por un periodo de tiempo en el que son indispensables o te sirven de algo, lo que suele ser solamente dos o tres minutos. Son el tipo de cosas que no solemos observar a propósito.

La memoria a corto plazo o memoria de trabajo es la información que se revisa deliberadamente por breves períodos de tiempo sin practicarlo o sin la intención de entregarlos a la memoria.

Para la mayoría de las personas, los investigadores han demostrado que suelen recordarse unas siete cosas por unos treinta segundos. Es decir que puedes recordar hasta siete cosas, pero, de todos modos, los vas a olvidar en los siguientes treinta segundos.

Imagínate que estás intentando recordar el número telefónico de una persona para que puedas marcarlo antes de olvidarlo. Estás confiando en tu memoria a corto plazo para mantener esos números y, como no puedes mantenerlos por un tiempo indeterminado, necesitas apresurarte a marcar los números tan rápido como puedas.

Parejas mentales

Una pareja psicológica suele considerarse como un acrónimo, en el que la primera letra puede llevar a una palabra diferente en cada caso. Puedes crear asistentes para la memoria para casi cualquier cosa. Por ejemplo, los colores del arcoíris suelen recordarse como RNA V AIV (rojo, naranja, amarillo, verde y azul, el índigo y violeta).

Además, existen otros métodos como acortar las palabras para poder recordarlas, y así crear palabras diferentes que sirven de pareja mental. El objetivo es darle importancia a algo que requiere tu atención, y esto puede ser diferente para cada persona. Aquí hay unos cuantos modelos de parejas mentales:

Para recordar la doble cadena de nucleótidos del ADN (adenina, timina, citosina y guanina), se usa la frase "Agente de Tráfico, Guardia Civil" para recordar los nombres y los pares.

Para recordar los nombres de los planetas se usa la frase "Mi Vecina Tiene Muchas Joyas, Sólo Una No Presta": Mercurio, Venus, tierra, Marte, Júpiter, Saturno, Urano, Neptuno y Plutón.

· · ·

Historias

Crear historias o utilizar ilustraciones y analogías funciona de forma similar como ayudas mentales.

Se trata de sustituir una sucesión de información que es difícil de recordar con algo que sea más fácil de memorizar y que tenga importancia para ti. Aquí hay un caso muy sencillo de cómo recordar fácilmente cierta información en el cerebro.

Supongamos que tienes que recordar tu número de placas del automóvil y son BTZ-007-D. La historia para recordarlo sería algo como "el agente 007 BosTeZa hasta Dormirse".

Al hacer este tipo de cosas, estás sintetizando los elementos fundamentales y los colocas en algo que puedes comprender y recordar. Si lo pones en un escenario que sea claro para ti, podrás recordarlo fácilmente.

Descubre algo con un par dc atributos que te llamen la atención y piensa en cómo se relaciona con algo que te interese o que conozcas bien, quizás una forma de preparar pastel o una anécdota sobre una persona.

· · ·

Si eres un fanático de un deporte, quizás los nombres de los jugadores te sirvan para recordar los nombres de los presidentes, por ejemplo. Incluso inventar una canción puede servir.

Aprovecha lo dinámico de esta opción y usa historias, simbolismos o representaciones de la información para ayudarte a recordar. El objetivo es integrar nueva información a la información existente al conectarlas de alguna manera. Puede ser que incluso se te quede más la idea que la historia o la analogía misma.

Utiliza tus sentidos

Quizás te haya pasado que hueles cierto aroma y te recuerda a una persona en particular. Quizás el olor a de galletas te recuerda a tu abuela o el olor a libro viejo te recuerda una historia. Todos estos aromas harán que recuerdes algo rápidamente. ¿Por qué ocurre?

El sentido del olfato está conectado estrechamente a la memoria, de hecho, cada uno de tus sentidos tiene cierta relación con la memoria. El sentido de la ubicación, el sabor, el oído, el contacto de y el olor sirven como detonantes para la memoria. Entre más cosas puedas incluir en la memoria específica, más profundamente estará arraigada en tu memoria. Esta es la razón por la cual al escuchar una melodía específica o sentir la superficie de una mesa te puedes acordar de un tiempo lejano.

. . .

Las afiliaciones del sentido del olfato son bastante importantes, ya que suelen evocar sentimientos, no tanto eventos. Al retener más cosas en la memoria tu vida se vuelve más fácil y podrás almacenar información inmediatamente, en vez de tener continuamente algo en la punta de la lengua sin recordarlo bien.

Retención de la memoria

La memoria suele identificarse bastante con el aprendizaje.

Si la memoria es una estructura de la capacidad que existe dentro de los caminos específicos de las neuronas, en ese punto, la educación está destinada a cambiar los caminemos neurológicos para ajustar la conducta de una persona y para pensar en producir nueva información. Se apoyan mutuamente porque el objetivo del aprendizaje es adquirir nueva información en la memoria y la memoria no tiene sentido sin la capacidad de encontrar la información.

El recuerdo es la manera en la que almacenamos y recuperamos información para usarla. Existen tres etapas para crear una memoria. Un error en cualquiera de ellas significa tener información que no se transforma, se vuelve una memoria débil o una sensación de "no recuerdo su nombre, pero estaba usando un suéter azul".

1. Codificar.
2. Capacidad.
3. Recuperación.

La codificación es el proceso de lidiar con información por medio de tus facultades. Hacemos esto de forma continua, incluso ahora.

Codificamos información tanto deliberadamente como de forma subliminal por medio de todas nuestras facultades.

La cantidad de concentración y consideración que le dediques determina qué tan sólido es el recuerdo y, por lo tanto, determina si ese recuerdo llega a la memoria a corto plazo o a la memoria a largo plazo. Si estás leyendo un libro mientras miras la televisión, es probable que tu codificación no sea tan profunda o sólida.

La capacidad es la siguiente etapa después de haber codificado la información. Luego la información puede tomar uno de tres caminos posibles, y esto es lo que decide si será un recuerdo que intencionalmente sabes que está ahí o no. Existen tres posibles estructuras de memoria: táctil, momentánea o a largo plazo.

El último paso del procesamiento de la información es la recuperación. Es cuando usamos nuestros recuerdos y se puede decir que hemos aprendido algo.

. . .

Tal vez no necesites ayuda para recordarlo o utilizas una técnica de memorización para recordarlo. Diferentes recuerdos pueden estar retenidos como un grupo o como una característica de un todo, como recordar qué sigue después de la letra "F" y para eso tienes que repetir todo el abecedario. Como regla general, la cantidad de consideración que le hayas dedicado a los periodos de capacidad y codificación decide qué tan natural es la recuperación de esos recuerdos.

Se puede decir que el aprendizaje veloz es equivalente a mejorar el límite de memoria y que tan bien absorbes la información.

Pasar cosas por alto

El aprendizaje es el camino hacia la mejora de la memoria mientras que también se muestran signos de mejora al no pasar cosas por alto. ¿Por qué pasamos cosas por alto? ¿Cuál es la razón por la cual no podemos recordar ciertas cosas? ¿En qué punto dejamos pasar algo en nuestra mente?

Como ya habrás leído, pasar algo por alto suele ser una decepción o una debilidad en el procedimiento de la capacidad. Es decir, la información que necesitas llega a la memoria a corto plazo y no a la memoria a largo plazo. El problema no es que no puedas descubrir la información en tu cerebro, sino que, en primer lugar, la información no fue instalada lo suficiente en tu mente.

. . .

De vez en cuando, es más sencillo considerar el olvido o pasar las cosas por alto como una decepción en el aprendizaje. Existen tres maneras en las que puede recuperar tus recuerdos:

- Recordar
- Reconocer
- Reaprender

Recordar es cuando recuperas una memoria sin ayuda externa. Es cuando puedes recitar algo a voluntad, por ejemplo, mirar una hoja en blanco y escribir las capitales de todos los países del mundo. Cuando puedes recordar algo tienes una buena memoria al respecto. O lo has repetido lo suficiente o le has dado suficiente significado que está adherido permanentemente en tu memoria a largo plazo.

Por supuesto, ya que el recuerdo es el nivel más fuerte de memoria, también es el más difícil de alcanzar. Por lo general, requiere horas de práctica o estudio acercarse a este puto. Cuando estudiamos, queremos que la información llegue a este nivel, pero solemos conformarnos con el siguiente nivel de recuperación.

Reconocer es cuando puedes recuperar una memoria con ayuda de un elemento externo. Es para cuando no puedas recordar algo simplemente porque sí, pero si obtienes una pequeña pista o un recordatorio, serás capaz de recordarlo por completo. Por ejemplo, quizás no puedas recordar todas las capitales del mundo, pero si te dan una pista, como la primera letra o algo que rime con el nombre, puede ser bastante fácil lograrlo.

Cuando forzamos mucha información, esto es lo que solemos hacer. Esta también es la forma en la que funcionan las mnemotecnias y las técnicas de memorización. Sabemos que no somos capaces de almacenar y recordar tanta información con mucha práctica, así que nos esforzamos por agrupar la información con pistas más sencillas.

Reaprender definitivamente es la peor forma de recordar. Ocurre cuando estás revisando o volviendo a aprender información, de modo que cada vez requiere menos esfuerzo. Por ejemplo, si lees una lista de capitales el lunes y te toma 30 minutos, debería tomarte unos 15 minutos al día siguiente, y así consecutivamente. Por desgracia, aquí es donde más solemos mentir. Tal vez el concepto nos sea conocido, pero no le hemos dedicado suficiente memoria como para evitar el reaprendizaje. Esto es lo que sucede cuando un tema es nuevo para nosotros o ya hemos olvidado la mayoría de él. Cuando estás en la etapa de reaprendizaje, básicamente no has superado la barrera de la memoria a corto plazo para pasar a la memoria a largo plazo.

La curva del olvido

No solamente estamos lidiando con una decodificación o almacenamiento pobre en nuestra búsqueda de aprendizaje, sino que también estamos peleando contra la tendencia natural del cerebro a olvidar las cosas tan pronto como sea posible.

El objetivo del conocimiento respecto a la curva del olvido es hacer que la curva sea menos profunda, hacer que cada vez sea más parecida a una línea horizontal. Eso indicaría poca decadencia, pero eso requiere revisión y práctica constantes.

Algunos científicos descubrieron patrones en la pérdida de memoria y aislaron dos sencillos factores que afectan la curva del olvido. El primero es el ritmo de decadencia que disminuye bastante si la memoria es fuerte, poderosa y tiene un significado personal. El segundo es la cantidad de tiempo y qué tanto tiempo tenía el recuerdo, ambas determinaban lo rápido y lo serio que era la decadencia. Esto sugiere que no hay mucho que hacer respecto a olvidar, excepto pensar en técnicas para darle significados personales a la información y practicar más a menudo.

Como puedes ver, olvidar no es tan sencillo como tener algo en la punta de la lengua o hurgar en los almacenamientos de tu cerebro. Hay procesos específicos que casi hacen que sea un milagro que retengamos tanta información como ya lo hacemos. La meta siempre es ser capaces de recordar la información.

Ser capaz de recordar la información siempre es el objetivo, pero siendo realistas, deberíamos tener como objetivo el reconocimiento y aprender a usar las pistas de forma experta por el resto de nuestras vidas, Tal vez no seas capaz de recitar la letra de mi canción favorita, pero puedo asegurar que la recuerdo si escucho la melodía.

Práctica de recuperación

Ahora faltan maneras de saber cómo usar ese conocimiento sobre nuestra memoria para aprender más efectivamente. Hay una técnica superior que aplica la naturaleza voluble de la memoria; la práctica de la recuperación.

La posibilidad de una trampa incrementa por una metodología llamada práctica de la recuperación. Esta metodología no es nueva ni muy compleja: Básicamente se trata de la revisión de la información que acabas de adquirir, que ha sido provocada por una imagen específica o portada.

La práctica de recuperación probablemente es la mejor perspectiva para aumentar tu memoria y el mantenimiento de la verdad. A pesar de que su centro es muy básico, realmente utilizar la técnica de recuperación no es algo tan claro como utilizar de forma no activa la hoja de respuestas o pasar por alto las notas que se han tomado. Tal vez, la práctica de recuperación es una habilidad en funcionamiento: una verdadera lucha, pensar y prepararse a largo plazo para llegar al propósito de revisar la información sin ninguna señal.

. . .

El análisis de investigación también proporciona información respecto a qué tipo de preguntas ayudaron más. Las preguntas que requerían que el estudiante revisara la información sin ninguna preparación fueron más prolíferas que varias preguntas de decisión, en las que la respuesta apropiada podría ser considerada desde un resumen hasta una duda válida o dudosa. El esfuerzo mental dinámico requerido para la respuesta apropiada, sin instrucciones verbales o visuales, mejoró el aprendizaje y conservación de los estudiantes.

Utilizar la práctica de recuperación en nuestras vidas

La ventaja principal de la práctica de recuperación es que permite un verdadero esfuerzo en vez de una fuga pasiva de información externa. Cuando se llega al punto de haberle encontrado el truco a algo por una vez y después realmente logramos algo para fortalecer nuestro aprendizaje, tiene un mayor impacto que sólo calificaciones o volver a examinar las páginas de un libro.

La información que almacenamos en nuestro cerebro comienza cuando logra salir. La práctica de recuperación fomenta ese desarrollo y hace que sea más simple aprender y mantener nuevos entendimientos. En el caso de que saquemos ideas de nuestro cerebro, es mucho más viable que constantemente intentar meter ideas. La adquisición se origina en tomar lo que se ha añadido hasta ahora y dejarlo salir en algún momento próximo.

· · ·

La parte principal de este segmento es la hoja de respuestas y cómo ésta es una parte de la práctica de recuperación.

Dentro de todo, las hojas de respuestas, por sí solas, no son el procedimiento: puedes usarlas y aún así no estar teniendo una verdadera práctica de recuperación.

Muchos estudiantes usan las hojas de respuestas hasta cierto punto, alcanzan a ver las instrucciones, las contestan en su mente, se revelan a sí mismos que lo saben, le dan la vuelta a la hoja para ver la respuesta, y luego prosiguen con la siguiente pregunta. Transformar este ejemplo en un entrenamiento puede tomar un par de intentos para realmente revisar las respuestas correctas y, en el mejor de los casos, contestar con la respuesta correcta antes de dar la vuelta a la hoja. La diferencia parece ser mínima y sin importancia, no obstante, es bastante significativa. Los estudiantes le dan más prioridad a las hojas de respuestas al recuperar la información correcta y vocalizarla antes de proseguir.

En circunstancias genuinas en las que no suele haber un instructor externo, hojas de respuestas pre-hechas u otro tipo de ayuda, ¿qué tipo de método sirve para darle un nuevo propósito a lo que aprendimos en la práctica de recuperación?

Una buena opción es mejorar las hojas de respuestas para hacer que sean cada vez más "inteligentes".

. . .

Las hojas de respuestas en los encuentros escolares de evaluación, por lo general, constaban de una sola nota. Puedes ajustar la estrategia de las hojas de respuestas para mayor asombro, para obtener certificados o aprender tú mismo al adoptar una nueva estrategia para lo que hay al frente de esos papeles.

Cuando estés leyendo material para trabajar o para la clase, elabora hojas de respuestas con ideas en una cara y definiciones al reverso. Cuando estés por terminar esta tarea, crea otra presentación de tarjetas que den direcciones sobre la mejor manera de volver a procesar la idea de una circunstancia innovadora o genuina.

Este es el modelo:

- "Vuelve a escribir esta idea en otras palabras".
- "Escribe la trama de una película o novela que use esta idea".
- "Usa esta idea para describir una situación verdadera".
- "Describe algo opuesto a esta idea".
- "Dibuja una imagen de la idea".

Los resultados posibles son limitados por la manera en la que ves la recuperación. Usar estas actividades separa más información de la idea que tú mismo has producido. Al ponerlos en una situación que requiere imaginación o articulación te ayuda a comprenderlos cuando surjan. Nuestros recuerdos son caprichosos y les gusta jugarnos bromas, sin embargo, se les puede configurar para mejorar más rápido nuestro posible beneficio en el aprendizaje.

Acelerar tu aprendizaje

La memoria es lo que intentamos alterar cuando aprendemos, y está compuesta por codificación, almacenamiento y recuperación. Existen muchos obstáculos en cada una de esas etapas que pueden arruinar nuestro aprendizaje.

Usamos nuestros recuerdos al recordar, reconocer o volver a aprender la información, pero también debemos luchar en contra de la curva del olvido, la cual registra el ritmo de deterioro sin más práctica.

La práctica de recuperación es el método más efectivo para mejorar nuestra memoria y, por lo tanto, aprender, y se puede ejemplificar con tarjetas didácticas, las cuales estimulan la información en el vacío sin tener otras pistas. Hay muchas maneras en las que puedes aplicar esto en tu vida diaria y muchas formas para estimular la información.

Si prefieres perfeccionar tu memoria a niveles elevados, se logra con más competitividad y más práctica de recuperación.

Técnicas para mejorar la memoria

. . .

Aprender de lo general a lo particular

Nunca comiences con los detalles. Revisa todo el tema y concéntrate en los elementos que se relacionan con el plan de trabajo del maestro.

Sé activo

Para evitar quedarte dormido enfrente del libro de texto, intenta estudiar estando de pie, camina por la habitación en la que estás estudiando, gesticula, repite en voz alta, haz una demostración usando todo tu cuerpo.

Libera tu mente

Será más fácil absorber información o enfocarte en una reseña si tienes voluntad para terminar la tarea. Escribe las cosas que te preocupan (situaciones conflictivas, algo para recordar) en una hoja de papel o en un cuaderno.

Recita y repite

Cuando repites un texto en voz alta, estás expresando las ideas y escuchándolas al mismo tiempo, así puedes saber si lo que dices tiene sentido y retienes mejor la información.

La repetición también ayuda a fijar mejor este material en tu memoria a largo plazo.

Recopilar información

Ya que la memoria a corto plazo suele retener únicamente siete elementos, deberías intentar agrupar la información para reducir la carga en la memoria a corto plazo. Si necesitas retener más de cincuenta lugares geográficos, agrúpalos por clase: países, lagos, ríos, montañas, ciudades. Crea categorías que sean la clave para acceder a la información almacenada en la memoria a largo plazo.

Manipular la información

Intenta traducir la información a algo real.

Para darle sentido a la información que quieres recordar, organízala en un orden determinado. Realiza tareas de clasificación, líneas de tiempo o redes de conceptos.

Hazte preguntas sobre la información

Tal vez no entiendas nada de la información si no te estás haciendo preguntas sobre el tema. Vas a retener más información si tienes preguntas. Por ejemplo, si miras un encabezado que anuncia las causas de un fenómeno, tal vez te preguntes cuáles son las causas de ese fenómeno. De esta manera le das un significado a tu estudio.

Escribe lo más básico

Escribir hace posible que la información se adhiera en la memoria a largo plazo de forma diferente en la que lo hace el habla. Escribir y hablar son complementarios. Durante tus estudios, tendrás que realizar más exámenes escritos que exámenes orales.

Al escribir las cosas esenciales de un tema, estás practicando las respuestas a las preguntas que podrían salir en un examen.

Selecciona la información que memorizas

No tienes que memorizar todo el material del curso. Depende de ti seleccionar los temas principales para memorizar y organizar tus estudios de acuerdo a eso. Para seleccionar lo más esencial de un tema, vuelve a leer el plan de estudios una vez más, revisa los apuntes de la materia o habla con tu maestro para determinar los elementos principales del tema.

Crea acrónimos

. . .

Crea una nueva palabra o acrónimo que contengan las primeras letras de cada palabra que quieres memorizar. Es más fácil recordar el acrónimo VIH que el término "virus de inmunodeficiencia humana".

La palabra telemática permite recordar "telecomunicación e informática" pero es fácilmente. El sacro algunos pueden hacerse también con las primeras sílabas.

Organiza tu estudio en períodos de 30 minutos

Un tiempo mayor puede llegar a ser un riesgo de sobre-carga. Toma descansos de 10 minutos antes de intentarlo otra vez.

Reduce las distracciones

Localiza tu lugar de trabajo en un lugar silencioso, lejos de las actividades del hogar. Una tarde entera de estudio frente a la televisión es mucho menos efectiva que media hora de estudio consciente. Si tienes tres horas en la tarde, puedes pasar hora y media estudiando y hora y media relajándote.

Ve de la memoria a corto plazo a la memoria a largo plazo

Cuando estudies, la información que retienes en la memoria a corto plazo debe ser transferida a la memoria a largo plazo por implantación. Para facilitar esta transferencia, realiza un breve repaso después de cada sesión de estudio.

Usa la información antes de olvidarla

Recuperar la información almacenada en la memoria es difícil si no se realiza de forma regular. Antes de comenzar un tema, vuelve a leer las notas de la lección anterior. Para entender mejor, pues explicarle el tema a otra persona en tus propias palabras. También puedes formar un grupo de estudio.

Pon a prueba a tu conocimiento realmente

Pon especial atención al final de cada capítulo o cuando lees un libro. Esto te puede ayudar a comprobar tu entendimiento.

Prepárate a ti mismo

El estudio significa estar preparado. Comienza con una lectura clara y notas de esa lectura. Revisa rápidamente tus apuntes después de cada lección y complétalos lo más rápido que puedas al pedir prestado los apuntes de un amigo o al hacerle preguntas al maestro.

. . .

No sólo confíes en tu memoria

Todas las técnicas que se ofrecen en este libro no necesaria-mente son adecuadas para todos. Experimenta con las técnicas a tu propio ritmo y selecciona las que se adapten a tu estilo de aprendizaje. Sin embargo, recuerda que es importante desarrollar tu memoria, pero no tiene sentido intentar aprender toda la información al pie de la letra.

Cómo estimular tu memoria

Alimentación

1. Come un desayuno completo.

Los estudios han demostrado que comer un desayuno completo en la mañana reduce las pérdidas de memoria y la mala concentración. Entre más carbohidratos contenga con una masa serán los efectos positivos. Así que elige alimentos que contengan naturalmente carbohidratos y que sean ricos en fibra, también reduce aquellos que sean grasas o ricos en azúcares añadidas.

De preferencia consume cereales, frutas, huevo, queso, leche, yogurt, pollo, mantequilla de maní, etc.

Limita tu consumo de pan de cualquier clase, jugos de frutas, tocino, salchichas, miel de maple, etc.

. . .

2. Reduce y distribuye tu consumo de energía.

Los alimentos bajos en calorías causan menos somno-
lencia que las comidas grasosas ricas en carbohidratos.
Comer demasiados carbohidratos en el almuerzo tiene un
efecto sedativo, relacionado con la producción de serotonina. Por la tarde, deberías evitar los postres, las papas, el
arroz blanco e incluso el maíz. Es mejor dividir tu consumo
de alimentos en tres comidas, si es posible, en horarios regulares. Los nutriólogos también recomiendan tomar un aperi-
tivo a media tarde.

Algunos ejemplos de aperitivos son una fruta y un pedazo de
queso o cereal y una barra de nueces acompañado con una
bebida de soya.

3. Escoge alimentos ricos en omega 3, vitamina B y hierro.

Los seres humanos tenemos cerca de 100 mil millones de
neuronas. Se pueden conectar unas con otras a través de la
capa que las protege, llamada mielina. Ya que esta capa está
compuesta principalmente por grasa, se recomienda
consumir ácidos grasos omega 3 para fortalecer la estructura
de las neuronas.

Evita los ácidos grasos saturados que están asociados con la
formación de colesterol en la sangre.

Favorece los pescados grasos, las nueces, el aceite de linaza,
el aceite de canola, salvado de trigo, etc.

· · ·

Limita las carnes frías, la mantequilla, las salsas, la piel del pollo, el queso, etc.

Las vitaminas B juegan un papel muy importante en la memorización. Forman parte del proceso de creación de la acetilcolina, un neurotransmisor esencial para las funciones del aprendizaje.

Se recomienda consumir salmón, hígado, espinacas, huevos, carnes orgánicas, pistaches, etc.

La deficiencia de hierro afecta el desempeño intelectual. Su función es transportar el oxígeno al cerebro. Las carnes rojas, los vegetales verdes, la quinoa y los mariscos son excelentes fuentes de hierro.

La higiene de la vida

1. Duerme bien para una mejor retención.

Los estudios han demostrado que la memorización de información nueva sucede durante el sueño. Durante esta fase ocurre lo que se conoce como consolidación de la memoria, la cual hace posible el desarrollo de nuevas habilidades y la retención de información. Por lo tanto, la falta de sueño inhibe el proceso de aprendizaje. La elección de pasar una noche sin dormir para revisar más información es, por lo tanto, bastante debatible. Es mucho mejor dormir de 6 a 8 horas para disfrutar los beneficios del sueño.

. . .

Además, la atención se ve afectada cuando el cuerpo no ha dormido. También se ven afectadas la vitalidad, la concentración y el estado de alerta.

Por último, debes considerar que una breve siesta, menos de 30 minutos, te pueden evitar una o dos horas de sueño por noche. La siesta está compuesta principalmente de sueño profundo, que es bastante restaurador para el cuerpo. Por lo tanto, también es beneficioso para la memorización.

Muchos estudios han demostrado que puede aumentar el desempeño intelectual y liberar la creatividad

2. Haz ejercicio.

Se recomienda realizar actividades deportivas. En años recientes, los científicos se han interesado en las actividades físicas como una manera de preservar y mejorar las habilidades cognitivas. Los estudios han demostrado que el desarrollo de la capacidad cardiovascular puede crear una mejora en el desempeño neurocognitivo. Por lo tanto, los ejercicios aeróbicos, 30 minutos a la semana, y el levantamiento de pesas son muy recomendados.

Método de repetición espaciada

. . .

Sin lugar a dudas, la memorización es uno de los aspectos fundamentales del aprendizaje de un nuevo idioma. En efecto, nuestro cerebro no es naturalmente bueno reteniendo nueva información, así que es necesario optimizar esta actividad por medio de técnicas efectivas.

La repetición espaciada es una parte reciente que los avances tecnológicos han designado como una manera clave de aprender vocabulario. Así que comencemos a explorar esta magnífica herramienta que te hará decir adiós a los lapsos de memoria.

¿Qué es la repetición espaciada?

La repetición espaciada, también llamada SER (Sistema de Repetición Espaciado) es una técnica de aprendizaje basada en revisiones en intervalos regulares, más o menos espaciados: entre más es de haber ido el elemento o en nuestra memoria, se pueden separar más revisiones unas de otras.

Es un método de memorización muy efectivo, pero no es magia

Existen dos razones para presentar esta herramienta en este libro: por una parte, es extremadamente poderosa y se puede usar diariamente, y, por otra parte, es una herramienta muy popular en este momento, hasta el punto de considerarse un tesoro. Es muy frecuente encontrar nuevos servicios y aplicaciones que prometen enseñarte un nuevo idioma en tiempo récord usando un "método científico". En la mayoría de los casos, este famoso método no es otra cosa que un algoritmo de la repetición espaciada.

Ya que el objetivo de este libro es ayudarte a desarrollar una mente crítica que te permita ver con claridad todo lo que existe en el entrenamiento de los idiomas, hace falta un poco de explicación.

Le debemos gran parte de nuestro conocimiento o sobre la memorización a Hermann Ebbinghaus, un psicólogo alemán del siglo XIX. Este psicólogo estableció la curva del olvido, la cual representa la velocidad a la cual olvidamos la información que aprendemos.

Para evitar una sobrecarga innecesaria, nuestro cerebro olvida constantemente y exponencialmente la información que recibe y que no considera importante.

Aunque hayas pasado una hora aprendiendo una larga lista de vocabulario, es posible que vayas a olvidar más de la mitad de las palabras en un par de horas, y habrás olvidado la mayoría después de unos cuantos días.

Imagina que aprendes una lista de vocabulario de 100 palabras. Justo en ese momento, te sabes las 100 palabras a la perfección y estás feliz contigo mismo. Luego pasas a otra actividad más relajante. Sin embargo, si te preguntan estas 100 palabras en 30 minutos, recordarás 58 palabras. Si te preguntan una hora después, recordarás 44 palabras. Al día siguiente, 33 palabras. Seis días después, serán 25 palabras.

En resumen, aprender nueva información sólo una vez no es suficiente. La peor parte es que estás desperdiciando tu tiempo.

Por suerte, este error es reversible y se puede hacer que nuestro cerebro entienda que aprender la palabra sombrilla en polaco es información muy e importante para nosotros. Para lograrlo, Ebbinghaus se recomienda dos cosas:

Una mejor representación de los elementos aprendidos, gracias a la asociación de ideas, también conocida como mnemotécnicas. Si aprendes una palabra acompañada con su pronunciación y una imagen que la represente, la vas a recordar más fácil, y lo mismo funciona para las cosas que hemos mencionado antes.

Las repeticiones regulares espaciadas en el tiempo hacen que el olvido sea más y más lento entre más sepamos información, más tiempo pasará entre las repeticiones.

Para una memorización óptima, por lo tanto, es importante primero adherir la información en nuestra mente al usar todos los medios a tu disposición (imágenes, sonido, siglas, etc.), y luego repetirlo regularmente antes de olvidar que las vas a olvidar.

. . .

Ciertas palabras y expresiones están adheridas literalmente en nuestra mente, ya que fuimos capaces de encontrar una mnemotecnia que haya funcionado.

Por ejemplo, recuerdo que la palabra alemana para "vino especiado" es "glühwein", porque al beber suena "glu, glu, glu". Yo no puedo olvidar este término, oralmente menos, gracias a este simple juego de palabras.

Las tarjetas didácticas y el sistema Leitner

La autoría de este sistema es que utilizamos actualmente se debe a Sebastian Leitner, un periodista alemán nacido en Austria. El sistema de Leitner se basa en las tarjetas didácticas, que suelen estar hechas de cartulina en la forma de tarjetas, tienen al frente una pregunta sobre la información que hemos aprendido y, en la parte de atrás, y la información misma.

En el sistema Leitner, las tarjetas de memoria o tarjetas didácticas, se almacenan en tres o cinco cajas diferentes, en orden ascendente de conocimientos. En la primera caja ponemos las tarjetas de las que no sabemos nada y, en la última, ponemos las tarjetas que recordamos a la perfección.

. . .

Este sistema usa la repetición espaciada, por lo que revisaremos las tarjetas de la primera caja constantemente, un poco menos las de la segunda y así continuamente.

En cada revisión, si la tarjeta ha sido recordada con éxito, pasa a la siguiente caja. Si este no es el caso, la regresamos a la primera caja o en la que se encontraba, de acuerdo a la versión del sistema Leitner que estamos usando.

El objetivo es, por supuesto, mover todas las tarjetas a la última caja y mantenerlas ahí. Después de muchas repeticiones espaciadas, la información eventualmente pasa a la memoria a largo plazo y entonces es posible mantenerse mucho tiempo sin revisarla.

Agarra cinco cajas y numeradas del 1 al 5. Determina una lista de palabras de vocabulario, pueden ser por frecuencia de uso. Imprime o escribe en el frente de las tarjetas las palabras elegidas en tu idioma y su traducción en el idioma elegido en la parte de atrás. Coloca todas las tarjetas en la casa número 1.

Toma una tarjeta, si te sabes la palabra en el idioma, ponla en la caja número 2, de lo contrario, regrésala a la caja número 1. Repite lo mismo con todas las tarjetas.

Repite el ejercicio en intervalos. Si ya de te sabes las tarjetas de la caja número 1, entonces se mueven a la caja número 2. Cuando te aprendas las palabras de la caja número 2, se mueven a la caja número 3, y así consecutivamente. De lo contrario, regresa a la caja 1. En resumen, en cada revisión, si recuerdas la tarjeta, colócala en la siguiente caja.

El objetivo es tener tantas tarjetas como sea posible en la última caja, la cual corresponde a las palabras almacenadas en la memoria a largo plazo.

Este aprendizaje efectivo puede ser divertido de realizar en familia, con niños, pero también es una interacción restrictiva.

Ahora sabes cómo funciona la repetición espaciada. Es una técnica muy poderosa, ya que se adapta al funcionamiento de nuestro cerebro. Sin embargo, tiene una gran desventaja: es muy difícil de implementar.

Para aplicarla correctamente, debes calcular lógicamente para cada tarjeta didáctica el tiempo que requieres entre cada repetición, luego establecer un horario preciso para tus futuras revisiones. Por suerte, la tecnología hace las cosas mucho más sencillas: ya existen tarjetas didácticas disponibles para los dispositivos móviles como aplicaciones para aprendizaje de idiomas o para ayudar a memorizar palabras, conceptos o fórmulas. Puede ser muy útil para estudiar un idioma, matemáticas, física, o cualquier materia que quieras.

4

Leer más rápido

EL CONCEPTO de lectura veloz y cómo funciona

Todo está relacionado con el aprendizaje. Si quieres ser inteligente, necesitas ser astuto, y necesitas descubrir cómo ser sabio. En el caso de que necesites amor, necesitas darte cuenta de qué es el amor y qué no es el amor. Es más, simplemente recordarlo no es suficiente.

La recuperación de sus pensamientos e información tiene que tener instrucciones sobre cómo utilizar esta información y datos de forma exitosa y productiva. Tu ADN tiene información e instrucciones.

Así que, como puedes ver, el camino hacia el aprendizaje y la aplicación de la información es esencial en todo momento. En cualquier caso, a pesar del hecho de que el aprendizaje es algo normal, debes poner atención al aprendizaje y usarlo de forma agradable y productiva, si es que quieres ser un buen estudiante.

Llegará un punto en el que te encuentres indefenso frente a muchas amenazas, lucharás y seguirás cometiendo errores similares una y otra vez sin parar.

El aprendizaje es esencial para seguir llevando una vida decente. Así que no vayas a subestimar el aprendizaje.

Todo depende del aprendizaje. Puede ser que no parezca algo tan importante para ti, sin embargo, el aprendizaje es crítico para todo lo demás que existe en el planeta. A el aprendizaje es la obligación más significativa él lo que respecta a la vida; sin el aprendizaje, no habría una vida que pudiéramos tener. La vida no te da instrucciones, necesitas darte cuenta de lo que haces.

Necesitas aprender por ti mismo de forma intencional y así coordinar su exploración para investigar de forma delibe-rada todas las cosas que te rodean, incluso de las que no tienes la idea, con el objetivo de que las cosas correctas se vuelvan algo conocido para ti en las situaciones correctas y puedas seguir avanzando.

Cuando un individuo deja de aprender, la mente interior se vuelve el espacio de trabajo del villano. ¿Qué sucede cuando no aprendes lo suficiente? Cada día que no te esfuerzas es un día más en el que has fracasado. En el caso de que no te estés esforzando, significa que te estás atrasando. Podrás quedarte muy atrás a diferencia del resto de las personas.

Necesitas que el aprendizaje se vuelva algo divertido y disfrutable con el objetivo de mantenerte motivado.

Debes premiarte a ti mismo conforme vayas ganando terreno. Continuamente debes tener un objetivo, un plan y una razón cuando estés aprendiendo. Debes tener una técnica y una estructura que sea atrayente y productiva.

Sin embargo, es preferible que no es al revés, para que así puedas seguir a buen paso. También necesitas descubrir la musicalidad y, después, ser adaptable. El aprendizaje por repetición espaciada es un procedimiento o decente que ayuda a mejorar la memoria y es un método decente para monitorear tus avances y tu memoria.

Para comenzar, necesitas investigar y recolectar información. Necesitas procesar la información que has investigado, ya que el entendimiento de lo que estás absorbiendo es importante. Luego tienes que organizar la información y escribirla, aunque, además, debes organizar la información en tu mente. De forma similar, puedes utilizar la información de forma útil y así seguir recolectando nueva información por medio de las afiliaciones. Además, necesitas comprender lo que estás construyendo y encontrar una manera de ayudarte a ti mismo a recordar por qué estás en este camino que has elegido.

· · ·

Si llegas a olvidar tus objetivos o a pasar por alto la razón en cada día de tu vida, es muy posible que te desanimes y te sientas impotente frente a la depresión. Así que debes recordar que no estás construyendo solamente una perspectiva y ganando habilidades importantes, sino que también estás en un camino increíble de descubrimiento. Así que no te preocupes por los errores que cometas o con los errores de alguien más, sigue aprendiendo, sigue avanzando y continúa esforzándote.

El mundo te va a seguir poniendo a prueba una y otra vez, así que ve quieres algunas respuestas audaces para preguntas específicas cuando llegue la catástrofe. Igualmente, algunas de estas preguntas son: ¿Cuáles son mis necesidades? ¿A quién ayudó primero? ¿Qué voy a ganar de esto? ¿Cómo me voy a encargar de este problema y a evitar que vuelva a suceder en el futuro?

¿Tendré que ajustarme?

Técnicas y métodos

Este segmento trata de los temas complementarios: meta-control, subvocalización, lectura continua, lectura combinada, lectura amplia simple, lectura superficial y escaneo (o lectura rápida). Ya que ahora sabes lo que es la lectura rápida y la apreciación de lectura, es el momento de investigar algunos de los procedimientos y estrategias que funcionan mejor.

. . .

Metadirección

Uno de los planes para ayudar a las personas a mejorar su velocidad y gratitud respecto a ellos mismos es la meta-supervisión. Este procedimiento incorpora el uso de dispositivos visuales (suelen ser plumas dedos o separadores), que se usan para supervisar que estés revisando. El uso de esta técnica te permite tener el control de tu velocidad y te ayuda a concentrarte en el material de forma más efectiva.

Conforme vayas practicando, vas a comprender que tu habilidad para revisar una cosa sucede esencialmente más rápido que sin la misma.

Utilizar esta técnica es productivo para un lector, considerando que es una forma que permite la disminución de la subvocalización, la cual, muy frecuentemente, evita que un lector revise el material de forma más eficiente. Poco a poco, después de haberlo realizado, el maestro lo examina, y realiza una actividad similar, esta vez usando un dispositivo como un utensilio o el dedo.

¿Cuánto tiempo te toma examinar el mismo segmento esta vez? Registrar una calificación para ver si tuviste la posibilidad de completar este sistema de forma adecuada. Ahora vamos a aplicar esta técnica al siguiente texto, midiendo el tiempo en segundos. En este texto hay 778 palabras, dividirse este número entre los segundos que te hayan tomado leerlo y multiplicado el resultado por 60. El resultado es el número de palabras por minuto que eres capaz de leer. Usa un lápiz y lee tan rápido como te sea posible, siempre comprendiendo el significado de lo que estás leyendo:

Fragmento de "Es que somos muy pobres" de *El llano en llamas* de Juan Rulfo

"Aquí todo va de mal en peor. La semana pasada se murió mi tía Jacinta, y el sábado, cuando ya la habíamos enterrado y comenzaba a bajársenos la tristeza, comenzó a llover como nunca. A mi papá eso le dio coraje, porque toda la cosecha de cebada estaba asoleándose en el solar. Y el aguacero llegó de repente, en grandes olas de agua, sin darnos tiempo ni siquiera a esconder aunque fuera un manojo; lo único que pudimos hacer, todos los de mi casa, fue estarnos arrimados debajo del tejaván, viendo cómo el agua fría que caía del cielo quemaba aquella cebada amarilla tan recién cortada.

Y apenas ayer, cuando mi hermana Tacha acababa de cumplir doce años, supimos que la vaca que mi papá le regaló para el día de su santo se la había llevado el río.

El río comenzó a crecer hace tres noches, a eso de la madrugada. Yo estaba muy dormido y, sin embargo, el estruendo que traía el río al arrastrarse me hizo despertar en seguida y pegar el brinco de la cama con mi cobija en la mano, como si hubiera creído que se estaba derrumbando el techo de mi casa.

Pero después me volví a dormir, porque reconocí el sonido del río y porque ese sonido se fue haciendo igual hasta traerme otra vez el sueño.

Cuando me levanté, la mañana estaba llena de nublazones y parecía que había seguido lloviendo sin parar. Se notaba en que el ruido del río era más fuerte y se oía más cerca. Se olía, como se huele una quemazón, el olor a podrido del agua revuelta.

A la hora en que me fui a asomar, el río ya había perdido sus orillas. Iba subiendo poco a poco por la calle real, y estaba metiéndose a toda prisa en la casa de esa mujer que le dicen la Tambora. El chapaleo del agua se oía al entrar por el corral y al salir en grandes chorros por la puerta. La Tambora iba y venía caminando por lo que era ya un pedazo de río, echando a la calle sus gallinas para que se fueran a esconder a algún lugar donde no les llegara la corriente.

Y por el otro lado, por donde está el recodo, el río se debía de haber llevado, quién sabe desde cuándo, el tamarindo que estaba en el solar de mi tía Jacinta, porque ahora ya no se ve ningún tamarindo. Era el único que había en el pueblo, y por eso nomás la gente se da cuenta de que la creciente esta que vemos es la más grande de todas las que ha bajado el río en muchos años.

Mi hermana y yo volvimos a ir por la tarde a mirar aquel amontonadero de agua que cada vez se hace más espesa y oscura y que pasa ya muy por encima de donde debe estar el puente. Allí nos estuvimos horas y horas sin cansarnos viendo la cosa aquella. Después nos subimos por la barranca, porque queríamos oír bien lo que decía la gente, pues abajo, junto al río, hay un gran ruidazal y sólo se ven las bocas de muchos que se abren y se cierran y como que quieren decir algo; pero no se oye nada. Por eso nos subimos por la barranca, donde también hay gente mirando el río y contando los perjuicios que ha hecho. Allí fue donde supimos que el río se había llevado a la Serpentina la vaca esa que era de mi hermana Tacha porque mi papá se la regaló para el día de su cumpleaños y que tenía una oreja blanca y otra colorada y muy bonitos ojos.

No acabo de saber por qué se le ocurriría a La Serpentina pasar el río este, cuando sabía que no era el mismo río que ella conocía de a diario. La Serpentina nunca fue tan atarantada. Lo más seguro es que ha de haber venido dormida para dejarse matar así nomás por nomás. A mí muchas veces me tocó despertarla cuando le abría la puerta del corral porque si no, de su cuenta, allí se hubiera estado el día entero con los ojos cerrados, bien quieta y suspirando, como se oye suspirar a las vacas cuando duermen.

. . .

Y aquí ha de haber sucedido eso de que se durmió. Tal vez se le ocurrió despertar al sentir que el agua pesada le golpeaba las costillas. Tal vez entonces se asustó y trató de regresar; pero al volverse se encontró entreverada y acalambrada entre aquella agua negra y dura como tierra corrediza. Tal vez bramó pidiendo que le ayudaran. Bramó como sólo Dios sabe cómo".

¿Cuál es tu velocidad de lectura? Seguramente es mejor de lo que hubieras leído sin haber usado un simple lápiz como guía.

Subvocalización

La subvocalización implica un proceso de vocalización interna o escuchar las palabras conforme las lees al mismo tiempo. Si lo que estás buscando es deshacerte del aumento vocal en tu velocidad de lectura, entonces, uno de los primeros pasos es deshacerte rápidamente de la subvocalización. Para comprender esta idea a detalle, considera la subvocalización como la voz interna que escuchas cuando estás leyendo. De forma subliminal, tus habilidades del habla están siendo utilizadas. Este procedimiento fue desarrollado en un momento oportuno durante los periodos de largo aprendizaje de un lector. Por ejemplo, cuando estabas aprendiendo a leer, un individuo te dijo que leyeras como si alguien te estuviera escuchando. Esta metodología le permite al maestro examinar la calidad de la familiaridad del lector con el texto. Al ajustarse a este método, el lector mantiene de forma subliminal la voz interna como un método para comprender y entender la sustancia del contenido. Este es un buen ejemplo para los nuevos estudiantes, aunque es un problema para los individuos que quieren leer más rápido.

Existen varias estrategias que se pueden usar para deshacerse de la subvocalización. Todo el tiempo que la boca está ocupada haciendo otras cosas, es un tiempo que puedes leer sin tener la voz dentro de tu cabeza.

Imagina que estás masticando un chicle, comiendo, cantando o cualquier otra cosa que le permita a tu boca hacer otra cosa que no sea leer en voz alta o mentalmente. Otro procedimiento muy efectivo para deshacerse de la subvocalización es leer de forma atentado y continua un texto con diferentes pasajes. Al hacer esto, tu mente se puede mover más rápido sobre el sexto, básicamente por el hecho de que se ha acostumbrado a los términos y ya no tiene una razón para vocalizar cada palabra para apreciarla. En el siguiente texto, un fragmento del primer capítulo de *Cien años de soledad,* de Gabriel García Márquez, hay que concentrar la atención en leer sin esperar a que llegue esa retroalimentación interna que es la subvocalización. Se puede realizar con la técnica anterior o sin ella. Este texto consta de 889 palabras.

"Muchos años después, frente al pelotón de fusilamiento, el coronel Aureliano Buendía había de recordar aquella tarde remota en que su padre lo llevó a conocer el hielo. Macondo era entonces una aldea de veinte casas de barro y cañabrava construidas a la orilla de un río de aguas diáfanas que se precipitaban por un lecho de piedras pulidas, blancas y enormes como huevos prehistóricos. El mundo era tan reciente, que muchas cosas carecían de nombre, y para mencionarlas había que señalarlas con el dedo. Todos los años, por el mes de marzo, una familia de gitanos desarrapados plantaba su carpa cerca de la aldea, y con un grande alboroto de pitos y timbales daban a conocer los nuevos inventos. Primero llevaron el imán. Un gitano corpulento, de barba montaraz y manos de gorrión, que se presentó con el nombre de Melquíades, hizo una truculenta demostración pública de lo que él mismo llamaba la octava maravilla de los sabios alquimistas de Macedonia.

Fue de casa en casa arrastrando dos lingotes metálicos, y todo el mundo se espantó al ver que los calderos, las pailas, las tenazas y los anafes se caían de su sitio, y las maderas crujían por la desesperación de los clavos y los tornillos tratando de desenclavarse, y aun los objetos perdidos desde hacía mucho tiempo aparecían por donde más se les había buscado, y se arrastraban en desbandada turbulenta detrás de los fierros mágicos de Melquíades. «Las cosas tienen vida propia —pregonaba el gitano con áspero acento—, todo es cuestión de despertarles el ánima». José Arcadio Buendía, cuya desaforada imaginación iba siempre más lejos que el ingenio de la naturaleza, y aun más allá del milagro y la magia, pensó que era posible servirse de aquella invención inútil para desentrañar el oro de la tierra.

Melquíades, que era un hombre honrado, le previno: «Para eso no sirve». Pero José Arcadio Buendía no creía en aquel tiempo en la honradez de los gitanos, así que cambió su mulo y una partida de chivos por los dos lingotes imantados. Úrsula Iguarán, su mujer, que contaba con aquellos animales para ensanchar el desmedrado patrimonio doméstico, no consiguió disuadirlo. «Muy pronto ha de sobrarnos oro para empedrar la casa», replicó su marido. Durante varios meses se empeñó en demostrar el acierto de sus conjeturas.

Exploró palmo a palmo la región, inclusive el fondo del río, arrastrando los dos lingotes de hierro y recitando en voz alta el conjuro de Melquíades.

Lo único que logró desenterrar fue una armadura del siglo XV con todas sus partes soldadas por un cascote de óxido, cuyo interior tenía la resonancia hueca de un enorme calabazo lleno de piedras. Cuando José Arcadio Buendía y los cuatro hombres de su expedición lograron desarticular la armadura, encontraron dentro un esqueleto calcificado que llevaba colgado en el cuello un relicario de cobre con un rizo de mujer.

En marzo volvieron los gitanos. Esta vez llevaban un catalejo y una lupa del tamaño de un tambor, que exhibieron como el último descubrimiento de los judíos de Ámsterdam. Sentaron una gitana en un extremo de la aldea e instalaron el catalejo a la entrada de la carpa.

· · ·

Mediante el pago de cinco reales, la gente se asomaba al catalejo y veía a la gitana al alcance de su mano. «La ciencia ha eliminado las distancias», pregonaba Melquíades. «Dentro de poco, el hombre podrá ver lo que ocurre en cualquier lugar de la tierra, sin moverse de su casa».

Un mediodía ardiente hicieron una asombrosa demostración con la lupa gigantesca: pusieron un montón de hierba seca en mitad de la calle y le prendieron fuego mediante la concentración de los rayos solares. José Arcadio Buendía, que aún no acababa de consolarse por el fracaso de sus imanes, concibió la idea de utilizar aquel invento como un arma de guerra. Melquíades, otra vez, trató de disuadirlo. Pero terminó por aceptar los dos lingotes imantados y tres piezas de dinero colonial a cambio de la lupa. Úrsula lloró de consternación.

Aquel dinero formaba parte de un cofre de monedas de oro que su padre había acumulado en toda una vida de privaciones, y que ella había enterrado debajo de la cama en espera de una buena ocasión para invertirlas. José Arcadio Buendía no trató siquiera de consolarla, entregado por entero a sus experimentos tácticos con la abnegación de un científico y aun a riesgo de su propia vida. Tratando de demostrar los efectos de la lupa en la tropa enemiga, se expuso él mismo a la concentración de los rayos solares y sufrió quemaduras que se convirtieron en úlceras y tardaron mucho tiempo en sanar. Ante las protestas de su mujer, alarmada por tan peligrosa inventiva, estuvo a punto de incendiar la casa.

Pasaba largas horas en su cuarto, haciendo cálculos

sobre las posibilidades estratégicas de su arma novedosa, hasta que logró componer un manual de una asombrosa claridad didáctica y un poder de convicción irresistible. Lo envió a las autoridades acompañado de numerosos testimonios sobre sus experiencias y dc varios pliegos de dibujos explicativos, al cuidado de un mensajero que atravesó la sierra, se extravió en pantanos desmesurados, remontó ríos tormentosos y estuvo a punto de perecer bajo el azote de las fieras, la desesperación y la peste, antes de conseguir una ruta de enlace con las mulas del correo".

Misión, cuando intentas reprimir la subvocalización, tendrás la impresión de no haber captado gran parte de lo que ha seguido. Esto es normal, ya que has leído de esta forma desde que eras un niño. Tu cerebro está ocupado tratando de deshacerse de la retroalimentación mental. Con la práctica, todo se vuelve más sencillo y la velocidad de tu lectura va a incrementar considerablemente.

Lectura repetida

Como el término sugiere, la lectura continúa implica la capacidad del lector de leer un párrafo en varias ocasiones, particularmente en las partes más difíciles.

Esta estrategia se usa frecuentemente en los salones de clase para las personas adultas. De vez en cuando, el maestro pide que los estudiantes lean cierto texto, digamos que un soneto. Debido a lo impredecible del trabajo, el maestro dará la instrucción, en algún momento, de que los estudiantes lean esta sección una vez más. Ahora, los estudiantes comenzarán a crear una comprensión mucho más profunda del texto, ya que han procesado la naturaleza diferente del texto. En el caso de volver a leer el texto una tercera vez, los lectores tienen una comprensión mayor del mismo, sin embargo, también puede suceder que el lector lea más rápido que antes. Esta es la intensidad de la lectura continua, que se puede identificar con la velocidad de entendimiento y la comprensión.

En el siguiente ejercicio, se recomienda que el estudiante lea el texto varias veces. En el primer intento, registra el tiempo que te haya tomado terminar la sesión.

Vuelve a leerlo y registra el tiempo una vez más.

Repite una tercera vez. ¿Has notado algún cambio en el tiempo que te ha tomado terminar el fragmento?

Ahora vuelve a leer el texto una cuarta vez, esta vez utilizando las estrategias anteriores: la metadirección y quitar la subvocalización. ¿Logras ver una diferencia esta vez en el tiempo que te tomó leer este fragmento, al igual que con la capacidad de entendimiento de todo el contenido? Como podrás notar, entre más veces realices estos sistemas y estrategias, es más probable que aumente tu velocidad de entendimiento. El texto que leerás a continuación, contiene 777 palabras.

. . .

Fragmento de *Santa*, de Federico Gamboa.

"- Me llamo Santa, pero cóbrese usted; no sé si me quedaré en esa casa... Guarde usted todo el peso -cxclamó después de breve reflexión, ansiosa de terminar el incidente.

Y sin aguardar más, echóse a andar de prisa, inclinando el rostro, medio oculto el cuerpo todo, bajo el pañolón que algo se le resbalaba de los hombros; cual si la apenara encontrarse allí a tales horas, con tanta luz y tanta gente que de seguro la observaba, que de fijo sabía lo que ella iba a hacer. Casi sin darse cuenta exacta de que a su derecha quedaba un jardín anémico y descuidado, ni de que a su izquierda había una fonda de dudoso aspecto y mala cata-dura, siguió adelante, hasta llamar a la puerta cerrada. Sí advirtió confusamente, algo que semejaba césped raquítico y roído a trechos; arbustos enanos y uno que otro tronco de árbol; sí le llegó un tufo a comida y a aguardiente, rumor de charlas y de risas de hombres; aun le pareció -pero no quiso cerciorarse deteniéndose o volviendo el rostro- que varios de ellos se agrupaban en el vano de una de las puertas, que sin recato la contemplaban y proferían apreciaciones en alta y destemplada voz, acerca de sus andares y modales. Toda aturdida, desfogóse con el aldabón y llamó distintas veces, con tres golpes en cada vez.

La verdad es que nadie, fuera de los ociosos parroquianos del fonducho, paró mientes en ella; sobre que el barrio, con ser barrio galante y muy poco tolerable por las noches, de día trabaja, y duro, ganándose el sustento con igual decoro que cualquiera otro de los de la ciudad. Abundan las pequeñas industrias; hay un regular taller de monumentos sepulcrales; dos cobreñas italianas; una tintorería francesa de grandes rótulos y enorme chimenea de ladrillos, adentro, en el patio, una carbonería, negra siempre, despidiendo un polvo finísimo y terco que se adhiere a los transeúntes, los impacienta y obliga a violentar su marcha y a sacudirse con el pañuelo. En una esquina, pintada al temple, destácase La Giralda, carnicería a la moderna, de tres puertas, piso de piedra artificial, mostrador de mármol y hierro, con pilares muy delgados para que el aire lo ventile todo libremente; con grandes balanzas que deslumbran de puro limpias; con su percha metálica, en semicírculo, de cuyos gruesos garfios penden las reses descabezadas, inmensas, abiertas por en medio, luciendo el blanco sucio de sus costillas y el asqueroso rojo sanguinolento de carne fresca y recién muerta; con nubes de moscas inquietas, voraces, y uno o dos mastines callejeros, corpulentos, de pelo erizo y fuerte, echados sobre la acera, sin reñir, dormitando o atisbándose las pulgas con la mirada fija, las orejas enhiestas, muy cerca el hocico del sitio invadido, en paciente espera de las piltrafas y desperdicios con que los regalan.

En la opuesta esquina, con bárbaras pinturas murales, un haz de banderolas en el mismísimo ángulo de las paredes de entrambas calles y sendas galerías de zinc en cada una de las puertas, divísase La Vuelta de Los Reyes Magos, acreditado expendio del famoso Santa Clara y del sin rival San Antonio Ametusco. Amén del jardín, que posee una fuente circular, de surtidor primitivo y charlatán por la mucha agua que arroja sin cansarse ni disminuirla nunca, no obstante, las furiosas embestidas de los aguadores y del vecindario que descuidadamente desparrama más de la que ha menester, con lo cual los bordes y las cercanías están siempre empapados; amén del tal jardín, luce la calle hasta cinco casas bien encaradas, de tres y cuatro pisos, balcones calados y cornisas de yeso; la cruzan rieles de tranvías;

su piso es de adoquines de cemento comprimido, y, por su longitud, disfruta de tres focos eléctricos.

¡Ah! También tiene, frente por frente del jardín que oculta los prostíbulos, una escuela municipal, para niños...

Con tan diversos elementos y siendo, como era en aquel día, muy cerca de las doce, hallábase la calle en pleno movimiento y en plena vida. El sol, un sol estival de fines de agosto, caía a raudales, arrancando rayos de los rieles y una tenue evaporación de junto a los bordes de las aceras, húmedos de la lluvia de la víspera. Los tranvías, con el cascabeleo de los collares de sus mulas a galope y el ronco clamor de las cornetas de sus cocheros, deslizábanse con estridente ruido apagado, muy brillantes, muy pintados de amarillo o de verde, según su clase, colmados de pasajeros cuyos tocados y cabezas se distinguían apenas, vueltas al vecino de asiento, dobladas sobre algún diario abierto o contemplando distraídamente, en forzado perfil, las fachadas fugitivas de los edificios".

Lectura amplia simple

El siguiente método se llama lectura extensiva sencilla o lectura amplia simple. Es una técnica que muchos maestros de escuelas para personas adultas utilizan para ayudar a sus estudiantes a mejorar su capacidad de entendimiento.

Considerando que también es pertinente para todo el estudio, también puede ser utilizado para ayudar a cualquier individuo que quiera aumentar su velocidad de entendimiento.

En el sentido general, la lectura amplia simple requiere que el lector tome un libro que aparentemente sencillo de leer. Se requiere de sentido común para leer cada palabra del texto. No debe surgir ningún reto en absoluto, basándose en que el lector espera mejorar su velocidad de lectura y no tanto un deseo de aprender nueva información.

Otro tipo de lectura extensiva sencilla es hacer que un lector lea sólo por satisfacción. Además, los libros mejoran la habilidad de una persona para comprender el texto de forma más productiva y suficiente. Ahora vamos a practicar con este texto de 988 palabras.

"Carta a un zapatero que compuso mal unos zapatos" de Juan José Arreola.

"Estimable señor:
    Como he pagado a usted tranquilamente el dinero que me cobró por reparar mis zapatos, le va a extrañar sin duda la carta que me veo precisado a dirigirle.

. . .

En un principio no me di cuenta del desastre ocurrido. Recibí mis zapatos muy contento, asegurándoles una larga vida, satisfecho por la economía que acababa de realizar: por unos cuantos pesos, un nuevo par de calzado. (Estas fueron precisamente sus palabras y puedo repetirlas.)

Pero mi entusiasmo se acabó muy pronto. Llegado a casa examiné detenidamente mis zapatos. Los encontré un poco deformes, un tanto duros y resecos. No quise conceder mayor importancia a esta metamorfosis. Soy razonable. Unos zapatos remontados tienen algo de extraño, ofrecen una nueva fisonomía, casi siempre deprimente.

Aquí es preciso recordar que mis zapatos no se hallaban completamente arruinados.

Usted mismo les dedicó frases elogiosas por la calidad de sus materiales y por su perfecta hechura. Hasta puso muy alto su marca de fábrica. Me prometió, en suma, un calzado flamante.

Pues bien: no pude esperar hasta el día siguiente y me descalcé para comprobar sus promesas. Y aquí estoy, con los pies doloridos, dirigiendo a usted una carta, en lugar de transferirle las palabras violentas que suscitaron mis esfuerzos infructuosos.

. . .

Mis pies no pudieron entrar en los zapatos. Como los de todas las personas, mis pies están hechos de una materia blanda y sensible. Me encontré ante unos zapatos de hierro. No sé cómo ni con qué artes se las arregló usted para dejar mis zapatos inservibles. Allí están, en un rincón, guiñándome burlonamente con sus puntas torcidas.

Cuando todos mis esfuerzos fallaron, me puse a considerar cuidadosamente el trabajo que usted había realizado. Debo advertir a usted que carezco de toda instrucción en materia de calzado.

Lo único que sé es que hay zapatos que me han hecho sufrir, y otros, en cambio, que recuerdo con ternura: así de suaves y flexibles eran.

Los que le di a componer eran unos zapatos admirables que me habían servido fielmente durante muchos meses. Mis pies se hallaban en ellos como pez en el agua. Más que zapatos, parecían ser parte de mi propio cuerpo, una especie de envoltura protectora que daba a mi paso firmeza y seguridad. Su piel era en realidad una piel mía, saludable y resistente. Sólo que daban ya muestras de fatiga. Las suelas sobre todo: unos amplios y profundos adelgazamientos me hicieron ver que los zapatos se iban haciendo extraños a mi persona, que se acababan. Cuando se los llevé a usted, iban ya a dejar ver los calcetincs.

También habría que decir algo acerca de los tacones: piso defectuosamente, y los tacones mostraban huellas demasiado claras de este antiguo vicio que no he podido corregir.

.   .   .

Quise, con espíritu ambicioso, prolongar la vida de mis zapatos. Esta ambición no me parece censurable: al contrario, es señal de modestia y entraña una cierta humildad. En vez de tirar mis zapatos, estuve dispuesto a usarlos durante una segunda época, menos brillante y lujosa que la primera. Además, esta costumbre que tenemos las personas modestas de renovar el calzado es, si no me equivoco, el modus vivendi de las personas como usted.

Debo decir que del examen que practiqué a su trabajo de reparación he sacado muy feas conclusiones. Por ejemplo, la de que usted no ama su oficio. Si usted, dejando aparte todo resentimiento, viene a mi casa y se pone a contemplar mis zapatos, ha de darme toda la razón. Mire usted qué costuras: ni un ciego podía haberlas hecho tan mal. La piel está cortada con inexplicable descuido: los bordes de las suelas son irregulares y ofrecen peligrosas aristas. Con toda seguridad, usted carece de hormas en su taller, pues mis zapatos ofrecen un aspecto indefinible. Recuerde usted, gastados y todo, conservaban ciertas líneas estéticas. Y ahora...

Pero introduzca usted su mano dentro de ellos. Palpará usted una caverna siniestra. El pie tendrá que transformarse en reptil para entrar. Y de pronto un tope; algo así como un quicio de cemento poco antes de llegar a la punta. ¿Es posible? Mis pies, señor zapatero, tienen forma de pies, son como los suyos, si es que acaso usted tiene extremidades humanas.

.   .   .

Pero basta ya. Le decía que usted no le tiene amor a su oficio y es cierto. Es también muy triste para usted y peligroso para sus clientes, que por cierto no tienen dinero para derrochar.

A propósito: no hablo movido por el interés. Soy pobre pero no soy mezquino. Esta carta no intenta abonarse la cantidad que yo le pagué por su obra de destrucción.

Nada de eso. Le escribo sencillamente para exhortarle a amar su propio trabajo. Le cuento la tragedia de mis zapatos para infundirle respeto por ese oficio que la vida ha puesto en sus manos; por ese oficio que usted aprendió con alegría en un día de juventud... Perdón; usted es todavía joven.

Cuando menos, tiene tiempo para volver a comenzar, si es que ya olvidó cómo se repara un par de calzado.

Nos hacen falta buenos artesanos, que vuelvan a ser los de antes; que no trabajen solamente para obtener el dinero de los clientes, sino para poner en práctica las sagradas leyes del trabajo. Esas leyes que han quedado irremisiblemente burladas en mis zapatos.

Quisiera hablarle del artesano de mi pueblo, que remendó con dedicación y esmero mis zapatos infantiles. Pero esta carta no debe catequizar a usted con ejemplos.

. . .

Sólo quiero decirle una cosa: si usted, en vez de irritarse, siente que algo nace en su corazón y llega como un reproche hasta sus manos, venga a mi casa y recoja mis zapatos, intente en ellos una segunda operación, y todas las cosas quedarán en su sitio.

Yo le prometo que si mis pies logran entrar en los zapatos, le escribiré una hermosa carta de gratitud, presentándolo en ella como hombre cumplido y modelo de artesanos.

Soy sinceramente su servidor".

Lectura superficial y escaneo

También conocida sencillamente como lectura rápida, este último sistema seguro que mejora la velocidad de entendimiento y de apreciación al revisar el texto superficialmente y luego revisarlo. Por definición, lo superficial es experimentar el libro de forma rápida, en términos generales, echando un vistazo al contexto de la obra para distinguir qué es lo que necesita leerse con más atención y detalle.

La examinación por escaneo, de forma similar a la lectura superficial, incluye la tarea intencional de buscar datos específicos en el libro.

· · ·

Por ejemplo, tal vez te enteraste de algo por otra persona, en particular de una fecha o de una situación. Escanea el texto para encontrar esa información.

Por lo general, cuando se realiza una lectura rápida del contenido, estás buscando información a nivel superficial o algún dato que pueda ser encontrado de forma inmediata. Sobre todo, esta tarea no debería tomarte mucho tiempo, ya que estás evitando la subvocalización y te concentras en encontrar la información correcta.

Hay una gran cantidad de circunstancias favorables para que tu mente aprenda a leer rápido:

Tus ojos se moverán rápidamente, ya que no tienes tiempo para detenerte con tanta frecuencia para retener la información que estás leyendo.

La velocidad del procedimiento de la lectura rápida te permite retener la importancia de lo que estás leyendo sin agotarte (leer a un ritmo más lento requiere más pausas en la lectura, es cansado y se pierde la atención, lo cual afecta al entendimiento y al conocimiento). La lectura rápida prácticamente significa atrapar en un vistazo los datos que estructuran la historia. Ahora vamos a practicar con un fragmento del cuento "Felicidad clandestina" de Clarice Lispector, con 857 palabras. Revisa superficialmente el texto en medio minuto. No regreses a leer incluso si crees que has perdido información importante.

. . .

"Ella era gorda, baja, pecosa y de pelo excesivamente crespo, medio amarillento. Tenía un busto enorme, mientras que todas nosotras todavía éramos chatas.

Como si no fuese suficiente, por encima del pecho se llenaba de caramelos los dos bolsillos de la blusa. Pero poseía lo que a cualquier niña devoradora de historias le habría gustado tener: un padre dueño de una librería.

No lo aprovechaba mucho. Y nosotras todavía menos: incluso para los cumpleaños, en vez de un librito barato por lo menos, nos entregaba una postal de la tienda del padre.

Encima, siempre era algún paisaje de Recife, la ciudad donde vivíamos, con sus puentes más que vistos. Detrás escribía con letra elaboradísima palabras como «fecha natalicia» y «recuerdos».

Pero qué talento tenía para la crueldad. Mientras haciendo barullo chupaba caramelos, toda ella era pura venganza. Cómo nos debía odiar esa niña a nosotras, que éramos imperdonablemente monas, delgadas, altas, de cabello libre. Conmigo ejerció su sadismo con una serena ferocidad. En mi ansiedad por leer, yo no me daba cuenta de las humillaciones que me imponía: seguía pidiéndole prestados los libros que a ella no le interesaban.

. . .

Hasta que le llegó el día magno de empezar a infligirme una tortura china. Como al pasar, me informó que tenía El reinado de Naricita, de Monteiro Lobato.

Era un libro gordo, válgame Dios, era un libro para quedarse a vivir con él, para comer, para dormir con él.

Y totalmente por encima de mis posibilidades. Me dijo que si al día siguiente pasaba por la casa de ella me lo prestaría.

Hasta el día siguiente, de la alegría, yo estuve transformada en la misma esperanza: no vivía, flotaba lentamente en un mar suave, las olas me transportaban de un lado a otro.

Literalmente corriendo, al día siguiente fui a su casa.

No vivía en un apartamento, como yo, sino en una 21 casa. No me hizo pasar. Con la mirada fija en la mía, me dijo que le había prestado el libro a otra niña y que volviera a buscarlo al día siguiente. Boquiabierta, yo me fui despacio, pero al poco rato la esperanza había vuelto a apoderarse de mí por completo y ya caminaba por la calle a saltos, que era mi manera extraña de caminar por las calles de Recife. Esa vez no me caí: me guiaba la promesa del libro, llegaría el día siguiente, los siguientes serían después mi vida entera, me esperaba el amor por el mundo, y no me caí una sola vez.

· · ·

Pero las cosas no fueron tan sencillas. El plan secreto de la hija del dueño de la librería era sereno y diabólico.

Al día siguiente allí estaba yo en la puerta de su casa, con una sonrisa y el corazón palpitante. Todo para oír la tranquila respuesta: que el libro no se hallaba aún en su poder, que volviese al día siguiente. Poco me imaginaba yo que más tarde, en el curso de vida, el drama del «día siguiente» iba a repetirse para mi corazón palpitante otras veces como aquélla.

Y así seguimos. ¿Cuánto tiempo? No lo sé. Ella sabía que, mientras la hiél no se escurriese por completo de su cuerpo gordo, sería un tiempo indefinido. Yo había empezado a sospechar, es algo que sospecho a veces, que me había elegido para que sufriera. Pero incluso sospechándolo, a veces lo acepto, como si el que me quiere hacer sufrir necesitara desesperadamente que yo sufra.

¿Cuánto tiempo? Yo iba a su casa todos los días, sin faltar ni uno.

A veces ella decía: Pues el libro estuvo conmigo ayer por la tarde, pero como tú no has venido hasta esta mañana se lo presté a otra niña. Y yo, que no era propensa a las ojeras, sentía cómo las ojeras se ahondaban bajo mis ojos sorprendidos.

. . .

Hasta que un día, cuando yo estaba en la puerta de la casa de ella oyendo silenciosa, humildemente, su negativa, apareció la madre. Debía de extrañarle la presencia muda y cotidiana de esa niña en la puerta de su casa. Nos pidió explicaciones a las dos. Hubo una confusión silenciosa, entrecortada de palabras poco aclaratorias. A la señora le resultaba cada vez más extraño el hecho de no entender. Hasta que, madre buena, entendió al fin. Se volvió hacia la hija y con enorme sorpresa exclamó: ¡Pero si ese libro no ha salido nunca de casa y tú ni siquiera querías leerlo!

Y lo peor para la mujer no era el descubrimiento de lo que pasaba. Debía de ser el horrorizado descubrimiento de la hija que tenía. Nos espiaba en silencio: la potencia de perversidad de su hija desconocida, la niña rubia de pie ante la puerta, exhausta, al viento de las calles de Recife.

Fue entonces cuando, recobrándose al fin, firme y serena le ordenó a su hija: Vas a prestar ahora mismo ese libro. Y a mí: «Y tú te quedas con el libro todo el tiempo que quieras. ¿Entendido?» Eso era más valioso que si me hubiesen regalado el libro: «el tiempo que quieras» es todo lo que una persona, grande o pequeña, puede tener la osadía de querer".

Ahora, ¿qué es lo que la niña quería? ¿Su espera fue agradable o terrible? Si eres capaz de responder a las dos preguntas, significa que tu primer intento fue exitoso, de lo contrario, vuelve a leer e intenta entender estas dos características del relato. Al practicar la lectura de libros con esta técnica, te vas a sorprender con la cantidad de información que eres capaz de recordar y por la rapidez con la que la obtuviste. Todo lo que necesitas es concentración y algo de práctica.

Pruebas individuales para comprobar tu velocidad de lectura

¿Por qué no hacer una prueba a tu velocidad actual de lectura en este momento, antes de que sigamos con los siguientes procedimientos? Puede ser algo útil escoger un libro que hayas utilizado específicamente para probar tu velocidad de entendimiento anteriormente.

De esta manera, conforme avances en esta sección, obtendrás una verdadera idea de los avances que estás realizando, paso a paso. Para averiguar de forma certera tu velocidad de lectura en cada momento, considera los siguientes:

Realiza una lectura del fragmento elegido y detente en las cosas que resalten del contenido. Las altas velocidades de lectura significan menores niveles de fijación. Una velocidad normal de lectura es lo característico y, por lo tanto, es la forma ideal de aprender.

Las velocidades de lectura normales no son regulares, simplemente son las consecuencias de las limitantes de la técnica con la que nos enseñaron a leer.

. . .

Cambiar una convicción individual sobre lo que es posible te ayudará a comprender el procedimiento de la lectura rápida; igualmente te dará energía y prosperidad, ya que tu mente no se estará bloqueando por adelantado con sospechas falsas que llegan a ser molestas.

Lectura rápida

Cuando tus ojos se detienen, pueden captar hasta cinco o seis palabras una detrás de otra. Definitivamente se pueden concentrar en lo que se encuentra antes y después del punto donde te detienes, por lo que pueden tomar información de lo que hay en los alrededores.

Usa una guía visual, eso limita la cantidad de esfuerzo que hacen tus ojos, mantiene tu mente concentrada y la atención continua.

La técnica de la guía se va desarrollando.

Si en este momento te dijeran a ti, el lector, que esta prueba examina y te pide que me muestres con tu dedo índice la forma en la que se mueven tus ojos por la página, ¿cómo crees que se vea la velocidad y el camino de esa lectura? La mayoría de las personas siguen cada línea del texto en líneas rectas de izquierda a derecha conforme van bajando por la página. Eso es una gran equivocación.

. . .

Tus ojos no siguen estas líneas fácilmente si uno no deja de mirar el resto de la página; se detienen y comienzan una y otra vez. Es bastante razonable que se pueda ser una mejora en la velocidad de lectura al invertir menos energía en cada intento, y aun así utilizando una guía, como puede ser un lápiz.

Observa:

Curiosamente, los ojos pueden ver las cosas obvias cuando se mantienen fijos.

Si un objeto está quieto, los ojos también deben estar quietos para verlo.

Así que haz esta prueba por ti mismo al mantener un dedo delante de tus ojos. Cuando esté quieto, los ojos estarán quietos. Y, cuando se mueva, tus ojos lo van a seguir para verlo. De acuerdo con la lectura, esto significa que tus ojos necesitan detenerse para captar las palabras, ya que las palabras en el texto están inmóviles. Esta es una idea básica de la velocidad de entendimiento.

Esto significa un avance en el entendimiento y en los niveles de comprensión. Lo que ocurre en los ojos de un lector lento, es que se detienen a cada rato para concentrarse en cada palabra el doble de tiempo que la mayoría de las personas. Además, las paradas son causadas porque el lector constantemente intenta volver a entender las palabras, en algunos casos regresando más de tres pasos para asegurarse de que tiene el significado correcto.

Las investigaciones han demostrado que, en el 80% de las situaciones en las que los lectores no pueden volver, ellos han captado toda la información fundamental. Un mejor lector no regresa tantas veces uno le toma tanto tiempo captar las palabras.

En una página normal de 12 palabras en cada línea, el lector más débil se va a concentrar en cada una de las palabras, regresará y volverá a comprender mientras lee, deteniéndose muchas veces, llegando a tomarse un segundo por cada interrupción.

Las siete etapas para acelerar tu velocidad de lectura

La lectura con atención suele describirse como entender de texto todo lo que el escritor intentaba transmitir, o absorber las realidades, las figuras o las especulaciones. Sin embargo, yo creo que es algo más importante de eso: la lectura es la relación completa de la persona con la información representativa. Fundamentalmente, es un procedimiento que sucede en varios niveles al mismo tiempo, suele ser identificado con la parte visual de darse cuenta de las cosas. Para que la lectura sea útil y que las estrategias de lectura sean funcionales, los siguientes siete niveles de entendimiento deben ser comprendidos. Cada nivel debe ser desarrollado en el caso de que quieras volverte un lector rápido exitoso.

- Reconocimiento.
- Mantenimiento.
- Revisión.
- Correspondencia.
- Ósmosis.
- Apreciación.
- Información.

Reconocimiento

Este paso ocurre antes de que comience la parte física del entendimiento.

Mantenimiento

Es la recolección esencial de información. La capacidad sola sería capaz de volverse un problema. La mayoría de los estudiantes se encontrarían con el estrés de estar en una situación difícil recuperando una porción de información básica de forma eficiente. La capacidad sola no es suficiente; debe estar acompañada por la revisión.

Revisión

Es la habilidad de recuperar de la capacidad la información que es requerida y cuándo es requerida. No siempre suele suceder en el momento más adecuado.

· · ·

Correspondencia

Es cuando se utiliza la información adquirida rápidamente para las situaciones requeridas, como una exposición, una indicación imaginativa o un examen oral.

En general, la correspondencia también incorpora esa capacidad tan significativa y poderosa que es el pensamiento. Ya que has comprendido el significado completo de leer y sus aplicaciones para acelerar la lectura, podemos proceder a la organización de algunos problemas serios de entendimiento. Cuando un problema es confrontado, examinado y comprendido, se vuelve una opción positiva para el desarrollo de una mejora.

Ósmosis

Es el procedimiento físico en el cual la luz es reflejada en la tinta que forma la palabra y entonces la luz es captada por el ojo. Esta información se transmite por los nervios ópticos al cerebro.

Apreciación

Es la conexión de todas las piezas de información junto con toda la información que le corresponde. Esto incorpora palabras, figuras, ideas, realidades e imágenes.

. . .

Información

Es el procedimiento por el cual traes toda la información previa a esta nueva información que estás leyendo, mientras haces las asociaciones correspondientes. Esto incorpora investigación, análisis, elección y discriminación de datos.

5

Mapas mentales

¿Exactamente qué significa hacer un mapa mental?

La técnica Buzan, nombrada así por su creador, Tony Buzan, tiene diferentes nombres: diagrama heurístico, árbol de ideas, mapa mental, mapa conceptual, diagrama de araña. Tony Buzan, un psicólogo británico desarrolló el uso de este concepto desde la década de los setentas.

Esta técnica ha existido por mucho tiempo, pero se ha vuelto popular desde que se ha usado en la enseñanza.

Existen dos variantes: en papel y a computadora.

Se pueden usar ambas, cada una ha tenido su utilidad de acuerdo con las necesidades.

· · ·

Consiste en la organización de ideas alrededor de una idea central, con varias ramificaciones y sub-ramificaciones que se desprenden alrededor del tronco, como si fuera un árbol con sus ramas visto desde arriba. Las ideas se pueden escribir como palabras, oraciones o imágenes.

Esta técnica gráfica es una herramienta bastante efectiva para extraer y organizar ideas con la intención de memorizarlas. Un mapa mental te da una visión general de un tema. Al recopilar una gran cantidad de información te facilita la toma de decisiones y la elección del camino que lleva al objetivo. Hace posibles las opciones creativas mientras es agradable de ver y fácil de recordar. Gracias al mapa mental, las ideas se vuelven tan civiles, podemos manipularlas y moverlas para organizarlas. También tenemos una visión inmediata de la jerarquía de la información.

El mapa mental hace posible la organización de la información contenida de una forma diferente al estilo lineal, ya que según sea una forma de diagrama que consiste en un núcleo central (es temático) desde el cual se desprenden múltiples extensiones que corresponden a otros niveles de información relacionados con el tema central.

Esta perspectiva hace posible movilizar todas las funciones del cerebro y nos da la posibilidad de liberar y desarrollar las capacidades de asociación, visualización, entendimiento, síntesis y memorización. Las guías de Buzan reúnen los pensamientos y descubrimientos de Tony Buzan respecto al potencial de nuestro cerebro y los mapas mentales. Realizar un mapa mental es el método más efectivo para organizar e ideas. En la actualidad, se utiliza por millones de personas en todo el mundo.

Ayuda mucho a mejorar la inteligencia, la creatividad, la comunicación, la concentración y la memoria.

Esta técnica se basa en el uso de los mapas mentales, una lista de palabras estructuradas y organizadas en una estructura de árbol que representa una idea, conceptos, un proyecto o un plan.

Esta herramienta es muy útil, ya sea que quieras pensar con claridad, creatividad y de forma original; resolver problemas y tomar decisiones con confianza; organizar, convencer y negociar; memorizar más o tomar el control de tu vida.

Las características de un mapa mental y los principios orientativos

Practicar el arte de los mapas mentales de Tony Buzan de quiere que aprendas un poco de las características principales de los mapas mentales y deseos lineamientos principales que lo que estructuran.

Las características esenciales de los mapas mentales de Tony Buzan son:

- El tema principal irradia otros datos, como si fueran ramas, desde la imagen central.
- Las ramas tienen una imagen o una palabra en la línea que las conecta con el núcleo.
- Los temas menos importantes también se representan como ramas a partir de otras ramificaciones.
- Las ramas forman una estructura nodal.

Cuatro lineamientos principales de los mapas mentales

¿Por qué querrías reproducir estas características cuando haces un mapa mental? Las razones principales son otorgadas por los lineamientos establecidos por el diseñador de este método.

Tony Buzan enfatiza que respetar los lineamientos hace posible que existan las condiciones para un mejor funcionamiento del cerebro, es decir:

- El primer principio es la estimulación por imagen.
- El segundo principio es la atracción por el color.
- El tercer principio es el aprovechamiento del espacio.
- El cuarto principio es la estructuración de ideas.

¿Por qué aplicar la estimulación por imagen?

· · ·

La imagen central del mapa mental se desarrolla a partir de ramificaciones. Al usar imágenes se hace posible tener como recursos una gran cantidad de facultades corticales: color, forma, línea, dimensión, textura, ritmo visual y, sobre todo, imaginación (la cual tiene la ventaja de la representación metal).

¿Por qué aplicar la atracción por el color?

El uso de colores hace posible resaltar ciertas partes, hacer el mapa mental más atractivo, añadir códigos de colores para ubicarse mejor, identificar las diferentes partes del diagrama y le da calidad estética al mapa mental.

¿Por qué aplicar el principio de la dimensión espacial?

Aprovechar la dimensión espacial permite una percepción visual multidimensional y una representación visual del proceso de pensamiento. Se aprovecha la perspectiva, la textura y los espacios vacíos crean profundidad espacial y, por lo tanto, se ilustran diferentes niveles de pensamiento.

Al aprovechar la ondulación de las ramificaciones, los enlaces de conexión y las flechas, se hace posible sugerir una idea de movimiento. La relación entre las ideas y la forma de seguir el orden sirve para crear una mejor orientación de la organización espacial del mapa y del camino del pensamiento.

El aprovechamiento del color, las señales y los símbolos nos permite expresar la dimensión emocional, la calidad del pensamiento y podemos usar los recursos usuales relacionados con este tipo de visualización.

¿Por qué aplicar el principio de estructura?

Al crear ramificaciones que irradian alrededor de la imagen principal hace posible que haya un orden, provoca la imaginación, organiza la información de forma simultánea, mejora la percepción visual y refleja mejor el proceso espontáneo de la asociación de ideas.

Crear una estructura en forma de árbol al hacer ramas y dibujar más y más niveles, manda el mensaje de continuar con la reflexión para forzar la comprensión profunda de las ideas principales. Para esto se crean ideas clave e imágenes clave al asociar nuevas palabras e imágenes en los distintos niveles. Además, eso tiene la ventaja de ofrecer más precisión de ideas y desarrollar un pensamiento más complejo.

Debemos ser conscientes del poder de las palabras clave y los conceptos.

Realmente es cuestión de identificar que la memoria

trabaja con asociaciones exitosas, que una sola palabra tiene el poder de reactivar una gran cantidad de información.

El hecho de comprender que la memoria funciona por asociaciones de conceptos clave y no de acuerdo a procesos literales palabra por palabra, lleva a la conclusión de que las notas que se toman de forma lineal son completamente inadecuadas para el proyecto de memorizar su contenido de forma efectiva.

De hecho, el 90% del tiempo se desperdicia al volver a leer estas palabras inútiles. Tratamos de buscar palabras claves en nuestras notas, pero las palabras que separan dos palabras claves debilitan su conexión. Así, el espacio y el tiempo que se usan en esto debilitan el enlace de asociación.

La mente es perfectamente capaz de asimilar la información no lineal. Siempre lo realiza cuando se encuentra con una fotografía, un dibujo, una pintura o una película.

La idea básica del mapa mental es establecer una relación productiva entre el cerebro y la información. Es una cuestión de estructurar la información para una inserción óptima (idea central + ramificaciones), ya que el cerebro no hace nada más que relacionar e integrar los conceptos clave que ya están enlazados.

Las reglas para hacer un mapa mental

1. Empieza con la imagen o palabra clave a color

en el centro.
2. Usa imágenes o palabras clave en todo el mapa mental.
3. Escribe las palabras clave en mayúsculas.
4. Las palabras se relacionan con líneas quc las conectan.
5. Sólo usar una palabra por línea.
6. Colores que en cada cosa.

Como un ejercicio curioso, puedes buscar las palabras "mapa mental" en el buscador en línea, encontrarás miles de ejemplos al instante.

Las ventajas del mapa mental

- La idea principal es clara.
- La importancia relativa de las ideas es identificada.
- La relación entre los conceptos es inmediata.
- Las reactivaciones son rápidas para una memorización eficiente.
- Se facilita la introducción de nueva información.
- Los mapas mentales son personalizados y originales, lo que permite una mejor memorización.
- Se trata de ser creativo, por lo que se facilitan las nuevas asociaciones.

Técnicas y aplicaciones de los mapas mentales

. . .

La herramienta del mapa mental puede ser adaptada a diferentes usos: para tomar apuntes, comunicación oral, preparación para una junta, preparación de artículos o ensayos, o para realizar presentaciones.

El método funcional del aprendizaje

Por último, Tony Buzan presenta un método de trabajo que tiene como objetivo superar las dificultades que en muchos de nosotros encontramos cuando se trata de ponerse a trabajar, es decir, la flojera, la dificultad para mantenerse concentrado, resistir las tentaciones, etc.

Su propuesta viene en dos fases, cada una comprende cuatro etapas sucesivas. Para ilustrar el interés de la perspectiva del mapa mental, propongo lo que leerás a continuación, ya que sigue la perspectiva presentada en el método funcional del aprendizaje.

La fase de preparación tiene como objetivo dejarte en las mejores condiciones para enfrentarte al contenido con el que quieres trabajar. Por ejemplo, considera a una persona que quiere leer un libro, pero tiene el objetivo de recordarlo lo mejor posible y por la mayor cantidad de tiempo posible.

Fase de preparación:

1. Revisa el libro: revisa el índice, las partes

principales, la contraportada y todas sus partes para obtener una visión global.

2. Define el enfoque de trabajo y el tiempo que le quieres dedicar: tendemos a querer terminar aquello que hemos planeado nosotros mismos.

3. Darle formato a la información: crea un primer mapa mental con el objetivo de presentar lo que ya sabes del tema tratado en el libro. Esto te ayuda a concentrarte y a adoptar una actitud de investigación, al desarrollar tu curiosidad sobre lo que te puede proporcionar el libro eventualmente.

4. Preguntas y objetivos: define lo que estás buscando al leer el libro y así puedes establecer una meta, un eslogan y las preguntas que este libro, probablemente, te permitirá contestar.

Fase de aplicación:

1. Resumen global: revisa las páginas del libro de forma analítica, prestando atención a su estructura general. Luego crea un mapa mental, lo cual formalizará la arquitectura global del trabajo.

2. Primer acercamiento: profundizar tu lectura al hacer un mapa mental para los capítulos.

3. Profundizar: cada vez tienes que entrar más en detalle, sin dedicar mucho tiempo para enfocarte en posibles dificultades, ya que la atención que resulta de esto puede disminuir tu capacidad de

entendimiento. Además, es muy común que el concepto se vuelva más claro con las referencias al contexto global y al comprender exitosamente los enlaces y asociaciones.

4. Revisiones: poco a poco has creado un mapa mental de todo el libro usando palabras clave, conceptos clave e imágenes. Esta herramienta te permite reactivar el contenido de forma efectiva cuando sea necesario.

Las posibles aplicaciones de un mapa mental

Por lo general, el mapa mental es asociado con la lluvia de ideas, pero esta es sólo una de tantas situaciones en las que puedes usar esta técnica. Se pueden identificar dos perspectivas principales para el mapa mental.

Algunas compañías lo usan como una herramienta para administrar un proyecto. Esto se debe a que funciona muy bien y proporciona una visión general. Sin embargo, el espíritu del mapa mental es, más bien, fomentar la emergencia de ideas y la colaboración.

La escritura colectiva de un texto es uno de los usos posibles de un mapa mental. Ya no es necesario crear un documento en el cual escribir toda la información, ya que con el mapa mental se pueden escribir bloques de texto que se pueden mover.

. . .

Otro uso posible es la administración de proyectos o como material durante una junta colaborativa en la que haya que presentar algo y se proyecta un mapa mental que se completa con ayuda de todos los participantes.

Consejos prácticos para comenzar un mapa mental

Es mejor cuando un mapa mental tiene pocas ramas, ya que nuestra memoria a corto plazo está limitada de 5 a 9 elementos simultáneos. Es interesante usar una hoja de papel, y no una aplicación, para las primeras pruebas, ya que el espacio reducido te ayudará a sintetizar la información de forma más natural.

El uso también depende de las necesidades. Si estás buscando ideas, se recomienda la técnica de la palabra clave o la imagen por línea, según lo que ha dicho Tony Buzan. Si quieres tomar notas, es mejor escribir pequeños pedazos de oraciones o ideas y luego encontrar una organización.

Existen muchos programas para hacer mapas mentales. Puedes encontrarlos de forma gratuita en internet. Suelen combinar la ergonomía con la belleza de las tarjetas didácticas que se pueden producir. Muchos permiten la configuración y personalización para que se adecue a tu estilo y necesidades.

6

Resolución de problemas

Estamos acostumbrados a tener actos mentales que nos previenen de llegar a una realidad tangible. El hecho de estar constantemente haciendo en nuestra mente listas y listas de hectáreas y problemas para resolver es lo que nos ayuda a mantener y garantizar nuestro bienestar.

Sin embargo, el problema que surge es que, conforme uno madura internamente, los enigmas y los obstáculos que se generan suelen ser inconscientes y pueden llevar a bloqueos más grandes.

Para resolver cada obstáculo debemos adoptar una actitud de fuerza de voluntad, consistencia, decisión, así como saber cómo analizar aquello que nos rodea de forma efectiva.

Además, con el tiempo, aprendemos que todas las situaciones, incluso aquellas que consideramos negativas, nos enseñan algo necesario para nuestro desarrollo personal, ya sea tarde o temprano.

Reformula la tarea que tienes que realizar

Existen muchas situaciones en las que no nos damos el tiempo para detenernos y evaluar cómo se puede hacer más fácil el camino que nos lleva a nuestra meta.

La reformulación de un problema suele depender de cómo lo vemos nosotros en relación con la definición del problema mismo y de todos los involucrados que participan en él. Por ejemplo, no es lo mismo "intentar que los demás nos hagan subir de puesto" que "subiendo de puesto".

En el primer caso son los demás los que tienen el poder, y en el segundo caso somos nosotros. En ambas situaciones tenemos el mismo objetivo, subir de puesto laboral.

Tampoco es lo mismo reformular un problema general, "intentaré subir de puesto", y descomponerlo en diferentes fases, "debo llegar temprano al trabajo, debo ser más organizado a la hora de presentar mis reportes, necesito participar en más juntas", etc.

Comprender la estructura del problema

Uno de los primeros actos mentales automáticos que realiza un espía al llegar a un lugar que no conoce, se trata de identificar todas las posibles salidas. Esto no significa que tengas que identificar todos los posibles resultados de tu problema, sino que se trata de que, cuando tengas que resolver un problema, lo mejor que puedes hacer es familiarizarte con el problema y su estructura. Esto te ayudará a ser capaz de encontrar una solución efectiva.

La estructura del problema se compone de varios elementos importantes. Lo primero son las partes más delicadas del problema. Saber identificarlas y localizarlas te permitirá comenzar con la protección de estas áreas, en el caso de que tengas que protegerte a ti mismo. Luego vienen las habilidades que te pueden servir para salir del problema. Piensa en los recursos que puedes considerar, ya sean humanos, materiales o temporales.

Esta parte es muy importante, ya que suele valer la pena trabajar en la estructura del problema antes de lidiar con el problema mismo. Incluso si ya puedes contar con la ayuda de alguien que consideres importante, es mejor intentar mejorar en este aspecto en particular porque te puede ahorrar tiempo y problemas.

Considera tu problema como una experiencia beneficiosa

. . .

Por lo general, cuando nos encontramos en la situación de enfrentarnos a un problema, tenemos que dejar nuestra zona de confort. El problema que tenemos frente a nosotros se presenta como un reto para nosotros y para probar nuestras habilidades.

Método de resolución de problemas: técnicas que tienes que conocer

Por supuesto, los problemas son inevitables, pero debes permanecer positivo y, mejor, considerar las dificultades en el camino como retos que debes superar para desarrollar tu pensamiento y tu creatividad.

Algunos problemas se resuelven más rápido. Otros pueden ser complejos y necesitan ser considerados por sí mismos como un verdadero proyecto. Sin embargo, recuerda que las tres cualidades esenciales para resolver un problema de forma efectiva son: flexibilidad, adaptabilidad y comunicación.

Esto se debe a que cada problema es diferente y requiere un trabajo preciso de investigación.

Para ayudarte a lidiar con las situaciones más delicadas, existen diferentes métodos y varias herramientas de resolución de problemas. Ahora las explicaremos

· · ·

Las diferentes herramientas para resolución de problemas

Lluvia de ideas

La lluvia de ideas es una técnica creativa y espontánea que se realiza en equipo. Permite revisar todas las soluciones posibles para resolver un problema. Es un proceso sencillo que se puede implementar para ayudarte en tu problema.

El diagrama Ishikawa

Este diagrama, nombrado así por su inventor, también se le conoce como diagrama de pescado por la forma que tiene, como del esqueleto de un pescado. Es muy fácil dibujar este diagrama:

- Dentro de la cabeza del pescado podemos escribir el efecto o el problema que se quiere resolver.
- Se dibuja una línea horizontal que sería la columna vertebral del pescado.
- Identifica todas las categorías que son parte del proceso que quieres analizar, y que pueden contribuir al problema. Se escriben sobre líneas que salen de la columna, como las costillas.
- Para cada categoría, se analizan las causas que contribuyen al problema y se escriben en su "costilla" correspondiente.
- Cada causa puede tener sub-causas, que se

representan gráficamente como líneas que salen de la causa principal.

El diagrama de Pareto

Esta herramienta es útil en todas las situaciones en las que la información puede ser organizada en categorías, en especial cuando el rango de cada categoría es importante.

Ese principio fue desarrollado por el economista italiano Vilfredo Pareto, y se basa en la distribución desigual de las cosas en el universo.

Podemos resumir este principio al decir que unas cuantas cosas significantes suelen generar el 20% del todo, mientras que la gran cantidad de cosas triviales forman el 80%. Pareto desarrolló esta idea al estudiar la distribución de la riqueza en la población europea y se dio cuenta de que la mayoría de la riqueza estaba en las manos de unas cuantas personas. Este concepto puede resultar útil para separar los aspectos más significativos de un problema de aquellos que no son tan significativos.

Existen dos maneras de analizar la información con Pareto, las demandas y los costos. Las demandas o cuentas, se usan para cuando queremos saber qué categoría del problema ocurre de forma constante. Los costos se usan para saber qué categoría de problema es más significativa en términos de costo. En pocas palabras podemos decir que el primer método investiga la frecuencia de los problemas y el segundo investiga los costos generales.

Un diagrama de Pareto típico se realiza de forma similar a una gráfica de barras. Las barras, organizadas en orden descendente, son la frecuencia relativa de los valores (categorías del problema o costos totales). Una línea que atraviesa las barras representa el porcentaje total acumulado. Al dibujar una línea horizontal adicional, se representa el 80%, y sirve para separar las categorías significativas de las no significativas.

La matriz de decisiones

Como el nombre sugiere, esta herramienta te ayuda a tomar decisiones cuando necesitas elegir la mejor solución para resolver un problema. Para realizarla, necesitas definir los criterios y valorar cada solución de acuerdo a esos criterios. La solución ganadora es aquella con el mayor puntaje.

El clásico método de los 6 pasos

Usa esta herramienta cuando te enfrentes a situaciones complejas que necesiten un análisis profundo de las diferentes opciones disponibles para poder tomar la mejor decisión.

1. Define el problema. El primer paso es bastante obvio y esencial. Debes identificar claramente el problema para ser capaz de resolverlo de forma

correcta. Para lograrlo, puedes usar el método de las preguntas básicas (qué, quién, dónde, cuándo, cómo, por qué).

2. Identifica las causas. Ya que conoces el problema, ahora debes determinar cuáles son las causas. El objetivo es actuar respecto a lo que causa el problema y no en sus síntomas. Si sólo tratas los síntomas de problema, puede resultar contraproducente. Puedes ayudarte del diagrama de pescado para identificar las causas que generan el problema. Para una aproximación más detallada, el diagrama de Pareto hace posible la identificación de causas que debes resolver en orden de prioridad para resolver el problema.

3. Encuentra soluciones alternativas. Es el momento de recurrir a la creatividad y encontrar soluciones posibles a los problemas. Puedes hacer lluvia de ideas con tu equipo.

4. Escoge una solución. Para elegir la mejor solución para resolver el problema, puedes usar herramientas como la matriz de decisiones.

5. Implementar la solución elegida. Ya que ha determinado qué metodología usar, es el momento de actuar. Para asegurar el éxito de este paso, prepara un plan de acción y un calendario para asegurarte de que todo funcione a la perfección.

6. Monitorear la implementación y la efectividad. Este paso es importante para asegurarse que la solución implementada sea efectiva y resuelve el problema a largo plazo. De lo contrario, debe

regresar al tercer paso y reconsiderar las otras soluciones.

El método 8D

Este método, desarrollado por el fabricante de autos Henry Ford, también se llama 8 Disciplinas. Es un método colaborativo y se practica en un equipo multidisciplinario. Como el nombre sugiere, consiste en 8 pasos:

1. Crear un equipo. Debes elegir con cuidado colaboradores competentes con buena experiencia en la resolución de problemas, y aquellas cosas que consideres necesarias.
2. Describir el problema. Identifica con precisión y detalle el problema que están enfrentando.
3. Establecer una solución temporal. A diferencia de otras técnicas de resolución de problemas, el método 8D requiere que encuentres rápidamente una solución temporal al problema. Debe ser algo costeable, fácil de llevar a cabo y de desinstalar. Debe ser fácil de reemplazar por la solución final.
4. Identificar las causas. Ahora que el problema ha sido resuelto de forma temporal, puedes concentrarte en encontrar las causas.
5. Determinar las acciones correctivas. Una vez que las causas hayan sido identificadas, encuentra una solución permanente y asegúrate de que funcione al haberla puesto a prueba.

6. Implementar la solución permanente. Si la solución ha sido aprobada, impleméntala y monitorea la información para asegurarte de que el problema ha sido erradicado.

7. Evita la recurrencia del problema. Para evitar que el problema vuelva a surgir, estandarizar las acciones correctivas usadas e implementar medidas preventivas (documentación, entrenamiento, etc.)

8. Felicita al equipo. Nunca olvides agradecer y felicitar al equipo por su trabajo y éxito.

7

Aprender más rápido

Estrategias

A continuación, hablaremos de cinco estrategias que puedes poner en práctica para aprender más rápido. Considera que se cree que las primeras dos pueden producir resultados más duraderos y efectivos.

Autocomprobación

Como el nombre sugiere, se trata de que sólo necesitas de ti mismo para realizar el estudio.

Ese tipo de entrenamiento se puede realizar para cualquier tema y no requiere mucho tiempo. Tienes que trabajar con este sistema de pregunta y respuesta de forma regular en intervalos de varios días.

. . .

Para lograrlo, puedes usar tarjetas didácticas, tarjetas con preguntas o palabras claves en el frente y las respuestas en la parte de atrás. También puedes usar el método de Cornell para tomar apuntes, el cual consiste en añadir una columna a la página de apuntes y escribir palabras clave o preguntas relacionadas con el contenido del curso.

Intenta el siguiente método: oculta la parte en la que se encuentran tus apuntes y explica el término o contesta las preguntas que has escrito en la columna.

El método de programación del tiempo

Este método se trata de distribuir el trabajo en el tiempo que tienes disponible.

Por lo tanto, no es útil para condensar tu trabajo al enfocarte en un solo tema por uno o dos días. Es mejor organizar el trabajo en pequeñas sesiones y tener largos intervalos de tiempo entre dos sesiones de trabajo breves sobre el tema.

Para retener el tema por una semana, las fases de revisión deben estar espaciadas de 12 a 24 horas. Para recordar durante cinco años, el tiempo entre las sesiones de trabajo debe ser de 6 meses a un año. Por lo tanto, es esencial espaciar los periodos de revisión tanto como sea posible. Esta técnica es efectiva para aprender vocabulario de otros idiomas, definiciones de palabras, para las matemáticas, música o cirugía.

Interrogación elaborativa

Este método requiere que encuentres explicaciones a los hechos, en particular por medio de preguntas como "¿Por qué tiene sentido?" o "¿Qué hace que esto sea verdad?".

Es más apropiado usar esta técnica cuando se aprenden elementos objetivos. En especial, en el caso de que ya tengas algo de conocimiento en el tema. Esto hace más fácil que le encuentre este sentido al aprendizaje que realizas y, por lo tanto, será más beneficioso.

Autoexplicación

Se trata de producir una explicación de lo que has aprendido. En particular, se usan preguntas como "¿Qué cosa nueva estoy aprendiendo con esta oración?". Sin embargo, este método requiere una gran inversión de tiempo, pero todavía te permite mejorar tu memoria, comprender y resolver problemas.

. . .

Trabajo intercalado

Esta técnica se aplica más a situaciones en las que los materiales son similares. Se recomienda variar el contenido que se requiere aprender en vez de realizarlo todo en un solo bloque.

Para lograrlo, considera trabajar alternativamente en los temas durante la misma sesión de trabajo. Por lo tanto, es cuestión de variar los temas que necesitas revisar y no concentrarte solamente en uno. Al estar cambiando entre varios temas, vas a trabajar con tu memoria de forma diferente para no abrumarla en un solo bloque. Esto te lleva a reajustarte de forma regular para encontrar las respuestas correctas y, a veces, incluso te puede servir otro tema en el que estás trabajando de forma paralela.

10 formas de aprender más rápido

Toma notas con el pluma y papel

Aunque te pueda parecer mejor tomar las notas de una conferencia en tu laptop, que las notas estarán más completas o que aprenderás más rápido, eso no es cierto. Para mejorar la velocidad de tu aprendizaje, ignora la computadora y toma notas a la forma antigua, usando papel y pluma.

. . .

Las investigaciones han demostrado que aquellos que escriben sus apuntes a computadora procesan y almacenan la información a un menor nivel. Aquellos que toman apuntes a mano aprenden más. Aunque tomar notas a mano sea más lento y cansado que teclear, escribir la información promueve la comprensión y la retención. Al escribir la información en tus propias palabras te permite comprenderla mejor, lo que significa que tendrás un mejor recuerdo y obtendrás mejores resultados en el examen.

Tener buenas habilidades para tomar notas

Entre más buenos sean tus apuntes, más rápido aprenderás. Saber cómo tomar notas completas y precisas te ayudará a recordar conceptos, a entender el tema y a desarrollar habilidades importantes de aprendizaje. Así que antes de aprender un nuevo tema, asegúrate de saber las diferentes estrategias para tomar apuntes, como puede ser el método Cornell que ayuda a organizar las notas del curso en resúmenes fáciles de comprender.

- Escucha y toma apuntes en tus propias palabras.
- Deja espacios y renglones entre las ideas principales para que luego puedas revisarlas y añadir información.
- Desarrolla un sistema consistente de abreviaciones y símbolos para ahorrar tiempo.
- Escribe ideas en vez de oraciones completas.
- Aprende a identificar la información importante e ignora los datos triviales.

Práctica distribuida

Este método involucra la distribución de múltiples actividades o sesiones de estudio sobre un tema en un periodo
determinado. El uso de sesiones breves y espaciadas fomenta
el aprendizaje efectivo, a diferencia de las sesiones largas e
intensivas que promueven el aprendizaje rutinario. El
primer paso es tomar apuntes exhaustivos durante el debate
del tema. Luego tómate unos minutos para revisar tus notas
y realizar cambios o añadir detalles para asegurar la precisión. Hazlo rápido, una o dos veces después de cada clase.

Con el tiempo, puedes comenzar a prolongar las sesiones, empezando una vez al día y hasta tres veces por
semana. Espaciar las prácticas en periodos más largos es
muy efectivo, ya que es más fácil hacer sesiones pequeñas de
estudio. Comenzarás a sentirte motivado para seguir
aprendiendo.

Estudiar, dormir, estudiar más

Si tienes una presentación importante mañana y no estás
preparado, quizás eres como la mayoría de nosotros y te
quedas levantado hasta tarde para tratar de aprenderlo.
Seguramente, tu trabajo duro será recompensado, incluso si
estás exhausto al día siguiente, o eso es lo que crees. Sin
embargo, esta no es la manera más eficiente para que nuestros cerebros procesen la información.

· · ·

Las investigaciones han demostrado una relación importante entre dormir y el aprendizaje. Parece que dormir es una parte importante para fortalecer la manera en la que nuestros cerebros recuerdan cosas.

El sueño profundo (cuando no hay movimientos rápidos de los ojos) puede fortalecer los recuerdos si duermes dentro de las siguientes 12 horas después de aprender la información nueva. Además, los estudiantes que estudian y duermen muchas horas no sólo tienen mejores resultados académicos, sino que también son más felices.

Cambia la forma de hacerlo

Si quieres aprender una habilidad, no hagas lo mismo una y otra vez. En un experimento en el que las personas que tenían habilidad motora asistida con computadora, estaban los que aprendían una nueva habilidad y luego tenían una sesión de práctica modificada en la cual ejercitaban esta habilidad. Solo funciona cuando hay pequeños cambios, no tendría sentido hacer grandes cambios en la forma en la que se lleva a cabo la habilidad. Por ejemplo, puedes cambiar un poco tu golpe de golf o mejorar tu técnica para jugar tenis.

Intenta una mnemotécnica

Una de las mejores maneras para almacenar grandes cantidades de información es usar una mnemotécnica, una serie de letras, sonidos u otras asociaciones para hacer más fácil el aprendizaje de algo. Una de las mnemotécnicas más conocidas es la canción del alfabeto. Esta canción ayuda a que los niños recuerden las letras y se queda profundamente arraigada en nuestra memoria de adultos.

Los símbolos hacen más fácil el aprendizaje al simplificar, resumir y comprimir información. Puede ser una herramienta muy útil para los estudiantes de medicina o de leyes, o para aquellos que están aprendiendo un nuevo idioma. Así que, si necesitas memorizar y almacenar grandes cantidades de información, intenta con una mnemotécnica y vas a recordar esta información mucho tiempo después de tu examen.

Usa rompecabezas para recuperar la concentración

La sobrecarga de información es algo real.

Para aprender algo nuevo, nuestro cerebro debe mandar señales a nuestros receptores sensoriales para guardar la información, pero el estrés y la sobrecarga evitan que tu cerebro procese y almacene información de forma efectiva. Esto sucede cuando los estudiantes escuchan charlas demasiado largas y detalladas, por lo que dejan de poner atención. Simplemente no son capaces de transferir la información de forma eficiente a su base de datos, así que el aprendizaje se detiene. La mejor forma de combatirlo es realizar un ataque cerebral, es decir, cambiar de actividad para concentrarte en algo nuevo.

Mantenerse hidratado

Sabemos que debemos tomar agua porque es buena para nosotros, para nuestra piel, para nuestro sistema inmune y para mantener nuestro cuerpo trabajando de forma óptima. No obstante, mantenerse hidratado también ayuda a las habilidades cognitivas. Beber agua puede hacernos más listos. De acuerdo con un estudio, los estudiantes que toman agua durante un examen, tienen mejores resultados que aquellos que no.

La deshidratación, por otra parte, puede afectar severamente nuestras funciones mentales. Cuando no estás tomando agua, tu cerebro tiene que trabajar más de lo normal.

Aprender información de múltiples maneras

Cuando utilizas múltiples maneras para aprender algo, estás usando más regiones de tu cerebro para almacenar la información. Esto hace que esta información esté más interconectada e integrada en nuestro cerebro.

. . .

Básicamente crea una redundancia de conocimiento en nuestra mente, lo cual ayuda a aprender la información, no sólo a memorizarla.

Puedes hacer esto o al usar diferentes medios para estimular diferentes partes de tu cerebro, como leer apuntes o leer un manual, ver un video o escuchar un podcast del tema.

Conecta lo que has aprendido con algo que sabes

Entre más puedas asociar los nuevos conceptos con las ideas que ya has comprendido, más rápido aprenderás la información nueva. Muchos hábitos de estudios comunes son contraproducentes, porque crea la ilusión de hacerse experto en algo, pero la información rápidamente desaparece de nuestra mente.

La memoria juega un papel importante en nuestra habilidad para realizar tareas cognitivas complejas, como puede ser aplicar tus conocimientos a problemas nuevos, o sacar nuevas deducciones de los hechos que ya conocemos. Al encontrar maneras de integrar la información nueva con el conocimiento ya existente, ganarás capas adicionales de significado en el nuevo material. Esto te ayudará a comprender mejor y podrás recordarlo con mayor precisión.

El método socrático

• • •

El método socrático es una técnica antigua para hablar, educar y aprender. Este método es nombrado así por Sócrates, el famoso filósofo ateniense, aunque no es muy claro quién fue el verdadero inventor de este método.

Este método consiste en hacer una pregunta detrás de otra para resaltar las debilidades o contradicciones de una afirmación. Por ejemplo, podemos pedirle a una persona que defina un concepto generalizado y ambiguo. Después de haber recibido la respuesta, podemos formular otra pregunta con el objetivo de revelar una excepción a lo anterior o algo más que no es consistente con la respuesta. El cuestionamiento y las respuestas continúan hasta que parezca que uno de ellos crea que ya no hay respuestas claras. El individuo que realice las preguntas puede parecer que está en un modo de ataque y, aunque el objetivo es desarrollar un pensamiento crítico de las afirmaciones, examinándola en diferentes contextos y eliminando las preconcepciones limitantes.

El método socrático es una excelente herramienta de aprendizaje, el primer y más obvio beneficio es que te enseña a pensar rápidamente. Además, te enseña a usar el pensamiento crítico, a razonar y a usar la lógica. Al trabajar por medio de las preguntas socráticas, aprenderás que existen dos o más versiones del mismo problema. Hacerte preguntas a ti mismo hasta que ya no puedas contestar es una buena forma de encontrar información faltante en tus propias creencias, y luego continuar corrigiéndolas. No es coincidencia que este método sea ampliamente usado en la escuela de leyes. De hecho, muchas escuelas han adoptado este método al involucrar estudiantes para practicar el pensamiento y hacer argumentos enfrente de toda la clase. De esta manera aprenden a perfeccionar el arte de hablar en público y producir una atmósfera primada, atractiva e intelectual.

Podemos practicar este método estando solos al considerar los siguientes puntos:

- Hacerse preguntas difíciles con frecuencia.
- No conformarse con respuestas mediocres.
- Esperar respuestas imperfectas.
- Sabe que no hay una respuesta perfecta.

Este método es recomendado para las disciplinas humanísticas, como la retórica, dialéctica, leyes, filosofía, etc. Por suerte, en el campo científico podemos encontrar una definición a los problemas y, por lo tanto, una respuesta que se puede considerar concluyente y exacta.

Para los temas científicos la técnica siguiente es una de las principales herramientas de aprendizaje.

La técnica Feynman

· · ·

Si tienes la habilidad de dar una explicación para una idea complicada en términos sencillos, has comprendido con precisión y ese conocimiento está al alcance de tu mano. Esto además te ayuda a darte cuenta de las áreas en las que tienes problemas o confusión, ya que ésta será la parte en la que tengas problemas para explicar la idea o usarás un montón de terminología complicada.

La técnica Feynman es el método ideal para llegar a comprender algo nuevo, profundizar tu percepción de un concepto, mejorar el recuerdo de ideas positivas o para repasar para los exámenes.

Esta técnica fue nombrada en honor al ganador del premio Nobel en física Richard Feynman, ya que decían que si alguien podía dar una explicación para temas complicados de una forma en la que todos pudieran comprender, ese era él.

Mientras era un Profesor de Princeton, Feynman comenzó a conectar los hechos que conocía con los temas que no comprendía. Al final, tenía una libreta de bolsillo llena de temas que él había descompuesto, traducido, vuelta a componer y escrito en términos sencillos.

Cualquier persona puede usar este método para comprender pensamientos que no puede entender del todo, para recordar ideas que ya has aprendido pero que sigues olvidando o para estudiar correctamente para los exámenes.

Los beneficios de la técnica de Feynman

El uso de esta técnica te permite observar los estándares para examinar los problemas del mundo real, debido a que te da la capacidad de captar ideas y estrategias de asuntos complicados. Además, te ayuda a mejorar tus habilidades educativas conforme usas esta técnica para realmente prepararte a ti mismo con los hechos fundamentales del tema. También incrementa tu habilidad para usar habilidades de cuestionamiento imperativo respecto a lo mismo.

La técnica de Feynman es especialmente recomendada para las personas que tienen problemas para escribir.

Feynman no escribía la información en un papel como muchos científicos, en vez de eso usaba un intercambio verbal como base de la mayoría de sus trabajos publicados. Estaba a favor de dictar sus libros y sus memorias, y sus artículos científicos han sido transcritos de sus charlas y clases.

Al aprender por medio de la enseñanza, el método Feynmann resalta aquellas cosas que no comprendes, revela las áreas de ignorancia y te ayuda a adquirir una visión completa y coherente del tema estudiado.

Al hacer el esfuerzo de simplificar, debes encontrar la esencia del concepto y relacionarlo con imágenes o situaciones que ya conoces. Esto se asegura de que comprendas el tema a profundidad y, sobre todo, que lo has integrado en tu cerebro. Al explicar con tus propias palabras e imágenes, te vuelves dueño de eso. Lo has adquirido para bien y no lo vas a olvidar.

Los 8 pasos de la técnica de Feynman

1. Escoge el tema que quieres estudiar a profundidad o que necesitas recordar rápidamente. Escribe por completo lo que sabes del problema. Piensa en cada uno de los pequeños detalles estadísticos que puedas recordar al respecto y anótalos. Mantén esta hoja a la mano.

2. Explica el concepto usando tus propias palabras, pretendiendo que le estás enseñando a alguien más. Asegúrate de usar un lenguaje sencillo para explicar y definir. Es mucho más efectivo si das uno o dos ejemplos del problema. Esto te permite identificar las ideas con problemas del mundo real.

3. Revisa lo que has dejado claro hasta ahora y localiza las áreas en las que no estás tan claro. Regresa a tus notas y fuentes de información para mejorar tu entendimiento. Repite el paso 2 con las notas ya revisadas.

4. Asegúrate de que puedes explicarle esto a cualquier persona que no sepa nada del tema. Usa frases sencillas y tus propias palabras.

5. Aprende más del tema.

6. Enseñan sobre el tema. Tus apuntes te servirán para anotar cosas, simulando el pizarrón de un maestro. Puedes escribir ideas, hacer diagramas y organizar tu pensamiento. Incluso puedes hablar en voz alta.

7. Vuelve a aprender. Al enseñar el tema te darás cuenta de que hay pequeñas cosas que no entiendes. Cuando ya no puedas explicar fácilmente, vuelve a estudiar lo que no entendiste. Cuando haya sido asimilado, repite los pasos 2 y 3 cuantas veces sea necesario.

8. Explícale a un niño. Simplifica todo lo que puedas. Explica el concepto o de forma fluida y sencilla. Revisar tus notas para asegurarte de no usar vocabulario técnico. Se recomienda usar analogías para relacionar el concepto con ideas existentes.

Ocho formas de inteligencia

1. Inteligencia lógica-matemática.

Es la inteligencia de las personas que son buenas en cálculos matemáticos, a los que le gusta resolver problemas lógicos y aquellos que constantemente analizan las causas y consecuencias de los fenómenos alrededor de ellos. Les gusta crear categorías, el orden, resolver rompecabezas y juegos de estrategia y deducción.

. . .

2. Inteligencia verbal-lingüística.

Es la inteligencia de las personas que son buenas usando el lenguaje. Suele estar presente en los escritores, poetas, abogados y grandes oradores. Las personas con esta inteligencia suelen ser bastante sensitivos con el uso del vocabulario.

3. Inteligencia espacial.

Es la inteligencia de las personas que tienen habilidad para imaginar imágenes mentales precisas y complejas. Es una inteligencia bastante desarrollada por los geógrafos, pintores, diseñadores, pilotos y arquitectos. Estas personas suelen ser muy buenas con el sentido de orientación y tienen una habilidad particular para determinar las rutas de viaje más efectivas.

4.Inteligencia intrapersonal.

Es la inteligencia de las personas a las que les gusta aprender, mejorar, que pueden plantearse retos y son autocríticas. También es parte de la inteligencia emocional, junto con la inteligencia interpersonal. Las personas que han desarrollado esta inteligencia son apasionadas por el desarrollo personal y aman aprender muchas cosas por su propia cuenta.

Tienen una gran atracción por la exploración, la investigación, la escritura y la búsqueda continua de conocimiento para aumentar sus habilidades.

. . .

5. Inteligencia kinestésica.

Es la inteligencia de las personas a las que les gusta aprender por medio de sensaciones físicas. Suelen amar los deportes o la expresión teatral, les cuesta trabajo mantener se sentados escuchando conceptos teóricos.

Suele ser muy desarrollada por atletas y bailarines.

6. Inteligencia interpersonal.

Es la inteligencia de las personas que son capaces de la empatía y de captar las emociones, intenciones, motivaciones y el humor de otras personas. Son buenos políticos, oradores, maestros, consultores, vendedores o mediadores.

7. Inteligencia rítmica o musical.

Es la inteligencia de las personas que tienen habilidad para memorizar melodías, armonizar sonidos y reconocer ritmos. Estas personas aman todo lo que tiene que ver con la música y comprenden la influencia de ciertos ritmos en las emociones. Esta inteligencia está particularmente desarrollada en los músicos, musicólogos, poetas e ingenieros de sonido, por ejemplo.

8. Inteligencia naturalista

Es la inteligencia de las personas que son capaces de diferenciar las cosas vivas y son sensibles al mundo que las rodea. Estas personas gustan de observar la naturaleza y tienen una relación especial con ella.

· · ·

También son muy conscientes del ecosistema, de la ecología y de la organización de los seres vivos. Es particularmente desarrollada en los botánicos, biólogos o zoólogos.

Conclusión

Para el final de este libro, ya tienes una mejor comprensión de la lectura rápida y del papel que juega en mejorar las habilidades de entendimiento. Tener la opción de ampliar tu velocidad de lectura es una habilidad que muchas personas ya han obtenido y es algo que puede ser enseñado a todas las personas.

La manera de tener éxito con este sistema es seguir practicando tu lectura todo el tiempo. Descubrirás que, con el tiempo, tolerancia, devoción y seguridad, tu velocidad de lectura aumentará drásticamente. No sólo eso, también tienes la opción de comprender el material, no palabra a palabra, sino el mensaje general del contenido.

Mejorar tu capacidad de lectura rápida es beneficioso para muchas circunstancias, por lo que es importante desarrollar esta habilidad de inmediato.

. . .

Para incrementar tu velocidad de compresión, considera los procedimientos y estrategias que han sido explicadas en este libro. Asegúrate de deshacerte de esa voz interior que utilizas al leer mentalmente cada palabra. Mejora asegúrate de eliminar esta costumbre al leer enormes cantidades de palabras al mismo tiempo. Esto ayudará a incrementar tu velocidad de lectura y a mejorar tu capacidad para apreciar el contenido completo.

Este libro también te ha enseñado a mejorar tu memoria, a resolver problemas y técnicas para mejorar tu capacidad de aprendizaje gracias a los mapas mentales, diagramas y técnicas que han sido explicados. En conjunto con la lectura rápida, todos estos métodos de enseñanza y aprendizaje te ayudarán a memorizar más rápido y aprender exitosamente para cualquier situación que requieras en la vida, ya seas un profesionista o un estudiante, con tendencias por las imágenes o por el movimiento.

Gracias por leer este libro y te deseo mucho éxito.

CPSIA information can be obtained
at www.ICGtesting.com
Printed in the USA
BVHW081533070521
606759BV00010B/1747